江南風著

文學叢刊

江南風文集

文史哲出版社印行

自序

紅包在我國有其歷史傳統，初意是回報酬謝，但現在則爲打通關節的必要手段，大如爭取與國、謀取非法利益及官位，小如申請執照、建照以及確保非法行爲之不受取締等等，幾乎無所不在、無所不能、無往不利，正因爲紅包萬能，爰將「紅包經」列爲篇首，藉以彰顯此一特殊文化。

本集所選，多爲最近十年間陸續發表者，惟其中也有部分係早於三十餘年前即已出版之舊作，例如「開會」、「牛」、「談吃」等，原已收入「江南風小品」集（五十五年十二月清華書局出版）內，「哭」篇原已收入「人生小語」集（五十九年五月東海出版社出版）內，因內容略有修正，於增刪後收入本集。

本集第一輯中有幾篇談「紅包經」的文字，固簡稱爲「紅學」；另有幾篇研讀「紅樓夢」的文字，亦簡稱爲「紅學」，既均爲「紅學」，乃併入一輯，稱之爲「泛紅學」，算是趕時髦，以迎合目前流行的「泛藍軍」、「泛綠軍」等「泛」字潮。

本集第二輯，原計畫係只評「死人」（含虛幻人物），不評「活人」，但還是有幾篇臧否當代人物之文字收入集中，對此改變初衷的決定，作者曾躊躇再三，後鑒於孔子著春秋，而亂臣賊子懼，經斟酌後，仍予收入，以爲大奸巨惡及無格無品者戒！

又本書承金甌女中羅前校長亨湖協助出版，李姿蒨小姐設計封面，謹此致謝。

江南風文集　目錄

第一輯

第二輯

第三輯

附錄：

紅包經

楔子

周人蔘案爆發，一時甚多中高警官中箭落馬，造成警察人事大搬風。乃有人戲謂李登輝先生主導我國內閣人事，而周人蔘先生則主導我國警察人事。李登輝先生爲我國第一任民選總統，其強勢主導內閣人事，固意料中事；至於周人蔘先生不過一電玩業者，其何以能呼風喚雨主導警察人事？無他，紅包之力也。

紅包之威力，誠如魯褒「錢神論」所說：「危可使安，死可使活，貴可使賤，生可使殺。」不論古今中外，小則圖個人進身之階，大至爲國家合縱連橫，紅包之運用，未有不無往不利者。筆者不敏，爲打破壟斷，不使紅包之學僅爲少數人專利，爰將數十年心血所撰之「紅包經」公諸於世，以供有志之士能藉每日讀經心領神會，進而運用自如，使想升官者升官，想發財者發財，大家心想事成，豈非造福人群之善事一樁！

經文

子曰：學而時習之，不亦悅乎？有紅包自後門來，不亦樂乎？人不知鬼不覺，不亦君子乎？

子曰：其為人也善賄，而不升官者鮮矣！不獲升官而能發財者，未之有也。君子務本，本立而官升，紅包也者，其為升遷之本歟！

子曰：吾十有五而志於賄，三十而官，四十而發，五十而知厚積，六十而一世之豪，七十而從心所欲，無不利。

子曰：君子食必求美，居必求奢，敏於賄而巧於言，就當權者而奉焉，可謂成功也已。

子曰：唯紅包者，能好人，能惡人。

子曰：不患無位，患所以不賄。不賄者，不可以久處位，不可以長處樂。

子曰：富與貴，是人之所欲也，不以紅包請之，不至也；貧與賤，是人之所惡也，不以紅包逐之，不去也。君子去賄，惡乎成名，君子無終食之間忘賄，造次必於是，顛沛必於是。

子曰：三人行，必有我師焉，擇其善賄者而從之，其不善賄者而改之。

子曰：紅包之學，不可不知也，一則陋規，一則節禮。

子曰：陋規不勤，節禮不豐，政治麻將不打，婚喪喜封不厚，是吾憂也。

子曰：夫紅包者，己欲送而送人，己欲賄而賄人，能近取譬，可謂賄之方也已。

子曰：紅包之道，譬如行遠，必自邇；譬如登高，必自卑。

子曰：紅包之學，高矣善矣，宜若登天然，而未嘗不可幾及也。或別墅，或大廈，或汽車，或現金，悉皆以官階之高低爲本。不留痕跡，不留證據，檢調單位其如予何！

子曰：紅包，與其薄也，寧厚；與其無也，寧有。

子曰：千萬百萬吾無力焉，五十六十斯可矣；五十六十吾無力焉，二十十萬斯可矣。

子曰：已矣乎！吾未見好德如好紅包者也。

子曰：苟送紅包，農地可以變更爲建地，山坡地可以開發，竊佔國土可以讓售，不合法者可以就地合法，非法營業亦可以大大方方經營；苟無紅包，則以上均甭想矣。

子曰：紅包之道，本諸身，徵諸衆人，考諸三王而不謬，建諸天地而不悖，質諸鬼神而無疑，百世以俟聖人而不惑。

子曰：見賄思齊焉，見不賄而內省也。

子曰：勤而不賄則罔，賄而不豐則退。

子曰：天命之謂賄，率賄之謂道，修賄之謂教；賄也者，不得須臾離也，離則機失也。送紅包，天地畏焉，鬼神懼焉。

子曰：生而知賄者，上也；學而知賄者，次也；困而學賄，又其次也；困而不學，民斯爲下矣！

子曰：群居終日，言不及賄，妄想利祿，難矣哉！

子曰：君子無官則不威，財則不固，送紅包，無求不如願者，其位視所賄焉。

子曰：可與賄，而不與之賄，失官；不可與之賄，而與之賄，失財；智者不失官，亦不失財。

子曰：言則諂，行則賄，雖蠻貊之邦行矣；言不知諂，行不知賄，雖州里行乎哉！

子曰：如有周公之才之美，不知賄諂，未來不足觀也已。

子曰：後生可畏，焉知來者之不如今也！四十五十而不知賄焉，斯亦不足畏也已。

子曰：幼而不知賄，長而無成焉，老而不死是爲賊。

子曰：居下不賄，爲賄不豐，其爭也君子，吾何以觀之哉。

子曰：小子何莫學夫賄！賄，可以升官，可以發財，可以收買人心，可以結交權貴，邇之事上，遠之事君，多行走於達官顯要之門。

子曰：加我數年，五十而學賄，可以成大志矣。

子曰：有一言而可終身行之者，其賄乎！有求則賄人，有權則人賄。

子曰：苟有心學賄者，期月而已可也，三年有成。

說明：經文中之「子曰」，並非「孔子說」，而係「江子說」，即「江南風說」。

後記

紅包經爲筆者積四十年之經驗編寫而成，觀察實驗，累試不爽。讀者日讀十遍百遍，必能豁然貫通，受用無窮。其欲致富貴者，固可飛黃騰達，功成名就；其欲博清譽者，亦可硜硜自守，知所警惕，庶幾不爲巧言令色所惑，不爲紅包攻勢所潰。是紅包經者，誠吾人立身處世之萬靈方也。讀者豈可不寢饋其中，熟讀熟記耶！

紅包經補述

「紅包經」一文發表後，有朋友質疑經文中「言則諂，行則賄」之前句，似與「紅包」無關。不錯，「言則諂」爲馬屁學，「行則賄」爲紅包學，確是兩門不同的學問。這兩門學問，只攻其一，就足以飛黃騰達；如二者兼攻，其威力之大，更是莫之能禦！茲舉例說明之：

當戰國時代吳國大軍乘勝追擊，越城旦夕可破之際，越王勾踐欲向吳國請成，懼吳王不許，於是準備了「美女八人、白璧二十雙、黃金千鎰。」使文種夜造吳太宰之營，求見伯嚭，嚭初欲拒絕；姑使人探其來狀，聞有所齎獻，乃召入。

文種跪而致詞曰：「寡君勾踐，年幼無知，不能善事大國，以致獲罪。今寡君已悔恨無及，願舉國請爲吳臣，而恐王見咎不納，知太宰以巍巍功德，外爲吳之干城，內作王之心膂，寡君使下臣種，先叩首於轅門，借重一言，收寡君於宇下。不腆之儀，聊效薄贄，自此當源源而來矣。」乃以賂單呈上。

以上賂單所列「美女八人、白璧二十雙、黃金千鎰。」係賄，屬紅包學範圍；文種致詞「知太宰嚭嚭功德，外為吳之干城，內作王之心膂……」則為諂，屬馬屁學範圍。有賄固已使伯嚭心動，再加以上的諛詞，伯嚭豈有不在吳王面前為越盡心盡力之理？否則如何顯出其在吳王身邊的份量！這就是紅包學加馬屁學的威力。

紅包學加馬屁學的威力，既是如此之大，因此「紅包經」文中不免有多處同時提到「賄」與「諂」，除以上質疑之「言則諂，行則賄」外，還有「敏於賄而巧於言」、「如有周公之才之美，不知賄諂，未來不足觀也已。」等均屬之。可見「紅包經」雖以研究紅包學為主，也沒有輕忽馬屁學的重要性。

現在辦公室中常有人抱怨：「埋頭苦幹，撤職查辦；啥事不幹，年年升官。」為甚麼埋頭苦幹還會撤職查辦？因為他只知努力，不知運用紅包，就是「紅包經」中的「勤而不賄則罔」，自然他的努力要罔然無所得了。為甚麼啥事不幹會年年升官？因為他知道運用紅包，就是「紅包經」中的「其為人也善賄，而不升官者鮮矣！」他陋規既勤，節禮及婚喪喜封又厚，年年升官，豈不是應得的麼？

也許有人會說：某人未送紅包，何以也能年年升官？不錯，這種情形是絕對有的，他雖未送紅包，但可能是阿諛取寵，在另一門學問－馬屁學上下了功夫。試問伯嚭獲得吳王寵信，何曾送過紅包？但他在夫差面前，每置一詞，總能讓主子聽了心爽，這就不是沒有修過馬屁學的泛泛之輩所能及的。

另有朋友建議紅包學傳授應有具體方法。其實「紅包經」文中已有數處言及，且在「後記」中特別強調：「讀者日讀十遍百遍，必能豁然貫通，受用無窮。」這「日讀十遍百遍」就是方法。君豈未聞「熟讀唐詩三百首，不會吟詩也會吟。」「紅包經」亦復如此，讀熟了，自然便能開竅。至於每日究該讀多少遍才有效？此則視各人資質而有不同：假如你聰明如顏回「聞一以知十」，那麼日讀三遍、五遍足矣；次一點如子貢「聞一以知二」，則日讀十遍、二十遍也就夠了；至於一般人則非日讀百遍不為功。

總之，「紅包經」是要讀的，「熟讀紅經三十則，不送紅包也會送。」因為紅包的好處太多太大了，熟讀之後，自然心領神會，知道何人該送，也知道該如何送。前人常說：「書中自有黃金屋，書中自有顏如玉。」這「書」不是別的，就是「紅包經」。「紅包經」讀熟了，「黃金屋」、「顏如玉」自然就有了。如果熟讀後仍然懵懂無知，這種情形，如不是缺少慧根，就是心沒有投入，所謂「小和尚唸經，有口無心。」那自然不能悟出其中奧義。要能獲益，必須是「口而誦，心而惟。」就是口裡誦讀經中之句，心裡思玩其中之理，這樣才是讀書進功之方也。

紅包經釋義

「有紅包自後門來，不亦樂乎？」

所謂「有紅包自後門來」，即假手太太收賄也。因官員直接收賄，容或有不便之處，太太收賄，有福同享，有事代扛，萬一東窗事發，還可推作不知。這樣紅包照收，責任沒有，豈非「不亦樂乎？」

「人不知鬼不覺，不亦君子乎？」

收紅包之人，絕對不是君子。不過收紅包在沒有第三者知悉的情況下，收賄者仍然可以若無其事，擺出一副正人君子的樣子；甚至在適當時機，利用適當事件，捐出賄款的九牛一毛，還可以「大善人」自居。這便是「人不知鬼不覺，不亦君子乎？」

當然，如果你送紅包的對象，要是像東漢的楊震那樣死腦筋，於「你知、我知」之外，硬要加個「天知、地知」，變成「四知」，那就不是紅包可以撼動得了的。只是這種死腦筋，現在已經是稀有動物，快成絕響了。

「就當權者而奉焉，可謂成功也已。」

所謂「官不在高，有權則靈。」這「當權者」，可能是高官，也可能不是高官，但一定要是有權之人，或者能影響有權人之人，紅包送對了，真正進了當權者的口袋，所求必然成功。這就是「就當權者而奉焉，可謂成功也已。」

「今古奇觀」內「逞錢多白丁橫帶」一篇裡有這麼一段對話：「偶然一個閒漢包走空包大說起：『朝廷用兵緊急，缺少錢糧，納了些銀子，就有官做。官職大小，只看銀子多少。』說得郭七郎動了火，問道：『假如納他數百萬錢，可得何官？』包大道：『如今朝廷昏濁，正正經經納錢，就是得官也只有數，不能彀十分大的。若把這數百萬錢拏去，私下買囑了主爵的官人，好歹也有個刺史！』」這「主爵的官人」就是有權之人，後來郭七郎花了五千兩銀子，透過包大與張多保悄悄送到「主爵的官人」內官田令孜的收納戶家裡，果然買了個「橫州刺史」，可見這紅包的威力！

武漢大學一位歷史教授曾將我國官場紅包文化歸爲五大走向：一是外臣向內臣行賄；二是下級向上級行賄；三是無權者向有權者行賄；四是疏遠之人向近密之人行賄；五是當事者向受事者行賄。這五種行賄的對象都是有權之人，其中下級向上級行賄、無權者向有權者行賄以及當事者向受事者行賄，明白易懂，自毋須另爲說明。至於外臣何以須向內臣行賄？因為外臣或須內臣幫助，或避免內臣陷害，自然需要紅包打點。晉朝的儒將鎮南將軍杜預就是一例，他駐守國家要塞時，不斷以財寶禮物送給京都當權的高官貴族，人問其功勞如此之大，何必還要巴結京都權貴？杜預回答說：「我只是防止他們陷害我，並不求對我有所幫助。」這兩句話多少道出了外臣的無奈。

至於疏遠之人何以須向近密之人行賄？因為近密之人多是天子身邊人，以其親近天子，難免狗仗人勢。當今的天子內侍，不也是囂張到動輒罵百官、罵立委（一批蠢蛋），甚至放話要使某民選首長「一招斃命」麼？有人說：「大丈夫可以征服世界，小人能夠置大丈夫於死地。」有這種能耐的小人，也就是有機會在天子跟前進讒的近密之人。例如東漢末年的盧植，他以「北中郎將」的身份被派去討伐張角，以極少兵力竟能把張角圍困在廣宗縣城，後因未向宦官左豐送錢，被左在靈帝面前告了一狀，說盧植有力量消滅張角而不肯賣力，於是靈帝就下了一道聖旨將盧植逮捕用檻車押解洛陽。可見近密之人是得罪不得的，疏遠之人怎能不向其行賄？

「或別墅，或大廈，或汽車，或現金，悉皆以官階之高低為本。」

看風下罩是行賄的基本原則，紅包的大小自然應與官階的大小成正比。如果你行賄的對象貴爲一國元首，就必須是上億身價的別墅，否則必然是「賄而不豐則退」；如果你行賄的對象只是一個小小科員，那麼「二十十萬斯可矣」。

「不留痕跡，不留證據，檢調單位其如予何！」

法律是要講求證據的，如果沒有證據，雖明知某人受賄，也奈何他不得。最近有許多縣市長被起訴，這些縣市長肯定沒有讀過「紅包經」，不知道「不留痕跡，不留證據」的重要。他們既留下辮子，檢方如何不辦？但也有些高明的縣市長，儘管其部屬如局長、課長者流，都因貪污被判重刑，而他卻安於泰山。難道他真是一個庸懦阿斗，可以讓屬下一手遮天？非也！因爲他可能是江某學生，懂得不留痕跡、證據，檢方又如何辦得了他？

怎樣才能不留痕跡、不留證據？簡單來說，就是小的金額要用現金支付，大的金額則可透過洗錢。如果送的是別墅、大廈，便以假買賣、真受賄的方式辦理，即半買半送、明買暗送，甚至只是象徵性付個數字。例如一棟價值億元以上的別墅，有人只花三百多萬元就可以購得，儘管與市價不符，但既有買賣契約，一個願買，一個願賣，「檢調單位其如予何！」

且凡涉賄賂，行賄者固不可能承認行賄，受賄者亦不可能承認受賄，正如清王命岳所陳「懲貪議」中所說：「夫買官於選曹（吏部）者，受金者隱，受官者亦隱，肯出而證之曰：某人以某官購我金乎！買法於秋曹（刑部）者，賣法者隱，脫法者亦隱，敢出而證之曰：某人得吾金而逭吾罪乎！如是則證據必不可得，實跡必不可求。」可見不論買官、買法，證據、實跡，都是不可得、不可求的。

「言則諂，行則賄，雖蠻貊之邦行矣；言不知諂，行不知賄，雖州里行乎哉！」

就是說一個人嘴巴既甜，出手又大方，雖然是去南蠻北狄的地方，也是可以行得的。例如我們今天之能在非洲、在中南美交到幾個小朋友，豈非出手大方之功？如果嘴巴既不甜，紅包也不知道送，雖然只在本鄉本土，辦一件事，也不免東挑剔、西挑剔，一直挑到你開竅爲止。如果你硬是不開竅，那自然是寸步難行了。

紅包經又一章

老友聚會，有人當面見責：閣下的紅包經我拜讀過了，寫得倒是鞭辟入裡，頭頭是道，既然你對紅包學下了這麼深的功夫，理應飛黃騰達才是，爲何既沒有發財，爲官也只到簡任而止，難道你的紅包經是騙人的不成？

我馬上反駁道：你豈未讀過越王勾踐十年生聚十年教訓的歷史？當年越國之能湔雪前恥，主要是用了文種的破吳七術，七術之首就是「捐貨幣，以悅其君臣。」這「捐貨幣」三字，非紅包而何？越國用紅包擊潰了吳之君臣，也擊潰了吳國，史蹟斑斑可考。可見紅包是最能成己毀人的工具，成己則升官發財，無往不利；毀人則使人國破家亡，死無葬身之地。有這樣的好處，豈是騙人的麼？

至於江某個人之未能飛黃騰達，此非紅包不靈，乃係生性淡泊所致。戰國時代有位鬼谷子先生，各位應不陌生？此人通天徹地，精研數學、兵學、遊學及出世學四種學問，人不能及。他的徒弟蘇秦、張儀、龐涓、孫臏，只學了他一種學問（蘇、張學遊學，龐、孫學兵學），都能在列國封相擁旄成就一番事業，如果鬼谷子親自出馬，將他的四種學問全部使上，豈不是要侯有侯、要王有王！爲何鬼谷子先生也未飛黃騰達？因爲他原無求富貴之心，只想造就一些人才爲列國所用，等到夙願一了，便「不知所之」。

江某亦復如此，只想幫助世人，進而爲國家造就人才，並無一己之私。如係貪圖富貴之輩，何不將「紅包經」視爲秘笈留供自用？茲既公諸於世，乃係懷悲天憫人之心，期造福人群，誠如「紅包經」楔子中所說：使想升官者升官，想發財者發財。等到夙願一了，大概也會「不知所之」。

其實老友對我的學問存疑，也是人情之常。耶穌生前在自己家鄉講道，不是也有人對他的學問存疑麼！爲甚麼耶穌在外地講道普受歡迎，在家鄉不被重視？這是因爲鄉人忘不了他的身世：「他不是那木匠的兒子麼？」直到耶穌被釘十字架復活後升天，才想到他講的道還真有點道理，這時耶穌才被尊爲聖、尊爲神。

現在江某的「紅包經」，讀過的人無不佩服，爲甚麼還有部分老友存疑？也是因爲他們丟不掉成見：「他自己都不能飛黃騰達，何能助人？」等到有一天江某「不知所之」，甚至「紅包經」也被查禁，那時他們才會想到江某的「紅包經」還真有點道理，原來對江某學問存疑的老友，也可能都成爲宣揚「紅包經」最力的使徒，江某也被尊爲聖、尊爲大師：「聖人吾不得而見之已，得見江南風斯可也；江南風吾不得而見之已，得讀其紅包經斯可也！」

為甚麼說「紅包經」會被查禁？這種情形是極有可能的；因為如碰到一位主管機關的首長剛好是江某的私淑弟子，本身就是靠紅包上去的，他擔心「紅包經」廣為流傳，讀的人多了，學的人多了，強中更有強中手，搶了他的位子，能不找個理由予以查禁？所以有志研究這門學問者，要趁「紅包經」尚未查禁前趕緊買一本來研讀！也要趁江某還沒有「不知所之」前趕緊提出疑問，以便江某親自解惑，這樣豈不強於自己窮年累月盲目摸索！

紅包經外一章

最近有人詢及「紅包經」中，有的地方寫「送紅包」，有的地方又寫「賄」，難道這兩者不同？其實「送紅包」與「賄」並無不同，就像「拍馬屁」與「諂」並無不同一樣。「賄」與「諂」較文，「送紅包」與「拍馬屁」較白，目前台灣以「送紅包」三字使用較多，也較通俗，故「紅包經」經文中，如可使用兩字或三字者，多用「紅包」或「送紅包」；如只能用一字表達者，則用「賄」。

又有人問道：「紅包經」中既然有好幾則經文提到「諂」，顯示閣下對馬屁學亦有涉獵，何不將馬屁學也寫成經文，以便有志者一併誦讀？不錯，筆者對馬屁學確曾下過功夫，之所以不寫「馬屁經」，係因馬屁學比紅包學更難修，需要下列幾項基本條件：

第一、臉皮要厚：就是要厚到只圖一人心爽，不在乎他人異樣眼光。例如文藝界某女士在安排其主子夫人與媒體聚會的場合中，其對夫人的介紹，一會兒說：「夫人是很知名的文藝作家。」一會兒說：「夫人其實早已是我們文藝界的精神領袖。」一會兒又說：「我們的社會實在需要夫人的作品帶給我們真善美。」這位女士左一句「夫人」、右一句「夫人」

的肉麻演出，令在場記者無不雞皮疙瘩。不過演出不久，果然被其主子安排任某文化事業董事長，可見臉皮厚一點終是不吃虧的。

第二、嘴巴要諂：就是知道察言觀色，看主子臉色講話。例如秦二世時，陳涉起兵山東，二世召集一批儒士商議，與會者咸以茲事體大，主張發兵征討。二世不悅，叔孫通馬上迎合上意說：「諸生之言皆非也，夫天下一家，明主在上，安敢有反者！此特鼠竊狗盜耳，何足置之齒牙間。」這「明主在上」果然拍得二世心爽，不但厚賜叔孫通，且拜爲「博士」。

第三、骨頭要軟：就是沒有自己的主見，隨時揣摩上意；孔步亦步，孔趨亦趨。例如主子恨惡新黨，就罵新黨「泡沫政黨」；主子討厭宋楚瑜，就罵宋及其支持者爲「宋幫」。你也許會以爲這麼做豈不要賠上人格、賠上形象？請問歷史上的佞臣除了在意主子的臉色外，有幾人會在意自己的人格、形象？

以上臉皮要厚、嘴巴要諂、骨頭要軟，都是馬屁精的基本條件。有了這些條件，修馬屁學自然一點即通；否則很可能是學「匠」不成，淪爲二流、三流馬屁，甚至等而下之。近例如某女性立委之當眾歌功頌德，連被歌頌者亦覺其肉麻；某水資局長將水庫興建功勞歸於一人，被輿論譏爲拍丟了專業良知；以及某專職黨工在中常會中三個無情之罵，內容像是暗諷其主子等等，都只是三流馬屁，除在媒體上製造一點笑料，引來一堆罵聲外，尚不配稱「精」。如果修馬屁學只能修到這個境界，自然是有修不如不修了。

也許有人會問：依閣下所說，馬屁學既然這麼難修，爲何今上週圍馬屁精只增不減不虞匱乏？須知「十步之內，必有芳草。」如果萬人之中，就能冒出一個馬屁奇才，以台灣現有人口數，馬屁精自然可以數以千計。以前「楚王好細腰，宮女皆餓死。」現則「今上愛阿諛，馬精滿朝廷。」由於馬屁精找到了市場，今上週圍怎虞匱乏！

榮寧兩府的人事包袱

清朝的高官顯貴，多有購置奴婢的習慣，其奴婢之衆，甚至有多至千人者，以大學士和珅爲例，傳聞就有僕役六百餘人。奴婢衆多，在當時固然是一種榮耀，但月米月錢的固定支出，也是一項沉重負擔。

榮寧兩府最大的包袱，也是奴婢過多，我們只看榮寧兩府被查抄之後，賈政對賈母所說的這段話，可見一斑。賈政說：「只看了家下的人丁冊子，別說上頭的錢，一無所出，那底下的人，也養不起許多。」（第一百五回）

榮寧兩府究竟有多少人？「紅樓夢」一書中並沒有具體的資料，只在第六回裏，對榮府部分有一概略的交代：「且說榮府中合算起來，從上至下，也有三百餘口人。」另在第五回裏，賈寶玉說：「如今單我們家裏，上上下下就有幾百個女孩兒。」第五十二回裏，麝月訓墜兒的媽說：「家裏上千的人，他也跑來，你也跑來，我們認人問姓還認不清呢！」

如果根據第六回的介紹，榮國府顯然只有「三百餘口人」；如果根據第五回賈寶玉及第五十二回麝月所說，似乎又不止此數。麝月所說「上千的人」，是在氣中所說，可能有些誇大，姑不予評論；賈寶玉所說「幾百個女孩兒」，倒是值得研究。賈寶玉既然稱「女孩兒」，當然不包括婦人在內（他是最不喜歡婦人的，他認爲女孩一嫁了漢子，染了男人的氣味，就會混帳起來）；既然稱「幾百個」，則至少在兩百個以上。如果年輕的女孩兒在兩百個以上，再加上婦人和男人，當然不止「三百餘口」了。

那麼第六回的介紹既那麼明確，何以賈寶玉會有不同的說法呢？兩者之有出入，可能是計算的範圍不同，第六回明顯地指爲榮府，而賈寶玉的說法則可能包括寧府在內。因爲榮寧二府，看來雖爲兩家，實際上都是以賈母爲大家長，寧府的當家人尤氏，就經常來榮府賈母這邊侍膳；賈珍的妹妹惜春，也是自小就住在榮府；榮府賈政的長女元春奉准省親，有關省親別墅的籌建，寧府的賈珍也是出錢出力，盡心負責；至於祭祖大典，則兩府子孫都到寧府拜祭，更是不分彼此了。所以賈寶玉將寧府計算到「我們家裏」，應是非常自然之事。

榮府的人數已見前述，那麼寧府又有多少呢？書中毫無線索，我們只能根據第十四回王熙鳳協理寧國府時分派工作的人數，推估爲兩百餘口。第十四回中接受王熙鳳分派工作的老婆子媳婦，有具體數字的就有一百二十四人（負責親友來往倒茶者二十人，負責親戚茶飯者二十人，靈前上香、添油、掛幔、守靈、供飯、供茶、隨起舉哀者四十人，收管杯碟茶器者四人，負責酒飯器皿者四人，負責收祭禮者八人，負責各處燈油、蠟燭、紙劄者八人，每日輪流上夜、照管門戶、監察火燭、打掃地方者二十人），未列明具體數字的「下剩的按房分開」，這「下剩的」既然按房分開，以寧府宅第之大，廳堂之多，至少也在二十人以上。如果女僕超過一百四十四人，再加管家娘子、主子的貼身丫頭及男僕，就是沒有兩百餘口，也應當接近兩百口，故筆者認爲榮寧兩府合算起來，大概爲五百餘人，即榮府三百餘口，寧府接近兩百人。如果這一推估無誤，則第五回賈寶玉的說法便有了合理的解釋。

也許讀者要問，榮寧兩府主子加起來不過三十左右，如果總人數多達五百餘人，則平均一個人就要十六個人侍候，豈不太多？我們看賈府的規矩，一個小姐，通常需要十一、二個下人侍候，包括乳母一個、教引嬤嬤四個、大丫頭二個（掌管釵釧盥沐）、小丫頭四至五個（負責灑掃房屋來往使役）。以上不過是三門內的奴婢，如果再加上三門外的僕從，自然要超過十六人了。

至於賈寶玉屋裏的丫頭之多，甚至多得連他自己也不能全部認識。我們且看賈寶玉和丫頭小紅的這段對話：「寶玉一面吃茶，一面仔細打量。那丫頭（小紅）穿著幾件半新不舊的衣裳，倒是一頭黑鴉鴉的好頭髮，挽著鬢兒。容長臉面，細挑身材，卻十分俏麗甜淨。寶玉便笑問道：『你也是我屋裏的人麼？』那丫頭笑應道：『是。』寶玉道：『既是這屋裏的，我怎麼不認得？』那丫頭聽說，便冷笑一聲道：『爺不認得的也多呢，豈止我一個？從來我又不遞茶水，拿東西，眼面前兒的，一件也做不著，那裏認得呢？』」（第二十四回）

寶玉出一趟門，外頭經常要有十個大小男僕隨侍左右。例如他去襲人家裏，走的時候，「只見寶玉的奶兄李貴、王榮和張若錦、趙亦華、錢昇、周瑞六個人，帶著焙茗、伴鶴、鋤藥、掃紅四個小廝，背著衣包，拿著坐褥，籠著一匹雕鞍彩轡的白馬，已侍候多時了。」（第五十二回）

不僅賈寶玉如此，甚至連他的大丫頭襲人回一趟家，也要兩個媳婦、兩個小丫頭子陪著，外帶四個跟車。王熙鳳吩咐周瑞家的說：「再將跟著出門的媳婦傳一個，你們兩人，再帶兩個小丫頭子，跟了襲人去，分頭派四個有年紀的跟車。要一輛大車，你們帶著坐；一輛小車，給丫頭們坐。」（第五十一回）

王熙鳳更不必說了，無論走去那裏，身後經常跟隨著一大群媳婦丫頭。例如林黛玉聽到笑語聲，正想著來者是誰時，「只見一群媳婦丫環擁著一個麗人（熙鳳）從後房進來。」（第三回）劉姥姥初去榮府，「只見小丫頭一齊亂跑說：『奶奶（熙鳳）下來了。』……劉姥姥只屏聲側耳默候，只聽遠遠有人笑聲，約有一二十個婦人，衣裙窸窣，漸入堂屋，往那邊屋內去了。」（第六回）賈芸與周瑞家的正說著話，「只見一群人簇擁著鳳姐出來了。」（第二十四回）

賈府因爲奴才過多的人口壓力，不僅管事的主人，甚至連下人也感覺得到，所以一有機會，他們都會提出精簡用人的建議。在「紅樓夢」一書中，最先提出精簡用人建議的是林之孝，他與賈璉說起家道艱難的時候，趁機建議說：「人口太眾了，不如揀個空日，回明老太太老爺，把這些出過力的老家人，用不著的，開恩放幾家出去；一則他們各有營運，二則家裏也省口糧月錢。再者，裏頭的姑娘也太多，俗話說：『一時比不得一時。』如今說不得先時的例了，少不的大家委屈些，該使八個的使六個，使四個的使兩個，若各房算起來，一年也可以省得許多月米月錢。」（第七十二回）

第二個提出精簡用人建議的是當家人王熙鳳，她在大觀園發現十錦春意香袋後，向王夫人建議說：「如今丫頭也太多了，保不住人大心大，生事作耗。等鬧出來，反悔之不及，如今若無故裁革，不但姑娘們委屈，就連太太和我也過不去。不如趁這機會，以後凡年紀大些的，或有些磨牙難纏的，拿個錯兒，攆出去，配了人；一則保的住沒有別事，二則也可省些用度。」(第七十四回)

第三個提出精簡用人建議的是老祖宗賈母，她於榮寧二府被錦衣軍查抄之後交代賈政說：「只現在家人太多，只有二老爺（賈政）當差，留幾個人就彀了。你就吩咐管事的，將人叫齊了，分派妥當。各家有人就罷了，譬如那時都抄了，怎麼樣呢？我們裏頭的，也要叫人分派。該配人的配人，賞去的賞去。」(第一百七回)

以上林之孝的建議，賈璉只看作「小事」一件，認爲「老爺（賈政）纔回家來，多少大事未回，那裏議到這個上頭？」王熙鳳的建議，王夫人則認爲「還窮不至此」。至於賈母的建議，賈政雖佩服「老太太實在真真是理家的人！」而且也付諸行動將人口漸次減少，不過可能由於精簡的幅度不大，也可能出現反淘汰，所以在第一百十四回裏才有程日興的建議。他向賈政說：「派一個心腹人各處去清查清查；該去的去，該留的留。」又說：「此時把下人查一查，好的使著，不好的便攆了。」

可見人事包袱，的確是榮寧兩府最大的一項負擔，如不精簡，即使不發生抄家等事故，在龐大的月米月錢負擔下，也會坐吃山空的。

榮國府的財務功臣—賈探春

在「紅樓夢」所有女子中，三姑娘探春的重要性雖不能與林黛玉、薛寶釵及王熙鳳相比；可是單就賈氏姊妹而言，無疑地，她是作者用筆最多刻劃最力的。尤其在王熙鳳養病，她代理其職務的兩個半月中，其表現真是可圈可點，令榮國府上上下下都對她刮目相看。厚黑教主李宗吾，評論曹操之成功在心黑，劉備之成功在臉厚，孫權之厚黑雖不及劉曹，但因爲兼而有之，故能鼎足三分。

套用這個公式以論賈探春，其文才（詩詞）雖不及林、薛，治才（財務管理能力）又不及熙鳳，但因爲她兼而有之，所以非但不輸於林、薛和熙鳳，甚至連自視甚高的王熙鳳，也不得不承認探春還在其上。王熙鳳對平兒說：「……她（探春）雖是個姑娘家，心裏卻事事明白；不過言語謹慎，她又比我知書識字，更利害一層了。」（第五十五回）

「紅樓夢」的作者費了很多的筆墨來寫探春的才幹，她在整個「紅樓夢」的故事裏，雖與迎春、惜春等姊妹同時出現，但她一枝獨秀，以後的發展越來越重要，直到她受命代理熙鳳職務，而達到最高潮。在作者的刻劃下，探春的確是一個有識見、有抱負的姑娘。她有組織力，所以詩社由她發起；她御下有方，所以在抄檢大觀園的時候，敢於爲丫頭擔責；她有擔當、有膽識，所以敢在代理熙鳳職務的時候，免除了許多不必要的開支。整個榮國府裏，沒有一個比她更高瞻遠矚、更真知灼見，我們只看「敏探春興利除宿弊」一回，就可以知道，她不僅僅是一個傳統的改革家，有很多作爲還非常符合現代的財務理念。茲就其才華、膽識及對榮國府的貢獻，分別介紹如次：

探春的才華

一、爲文雅潔可誦：我們且看探春寫給其二哥賈寶玉的這封詩社發起信：

「妹探謹啓二兄文几：前夕新霽，月色如洗，因惜清景難逢，未忍就臥；漏已三轉，猶徘徊桐檻之下，竟爲風露所欺，致獲採薪之患。昨親勞撫囑，復又遣侍兒問切；兼以鮮荔並真卿墨蹟見賜，抑何惠愛之深耶？今因伏几處默，忽思歷來古人處名攻利奪之場，猶置些山滴水之區；遠招近揖，投轄攀轅；務結二三同志，盤桓其中，或豎詞壇，或開吟社；雖因一時之偶興，每成千古之佳談。妹雖不才，幸叨陪泉石之間，兼慕薛林雅調。風庭月榭，惜未讌集詩人；帘杏溪桃，或可醉飛吟盞。孰謂雄才蓮社，獨許鬚眉；不教雅會東山，讓余脂粉耶？若蒙造雪而來，敢請掃花以俟。謹啓。」（第三十七回）

這封信的確寫得文情並茂，難怪「寶玉看了，不覺喜得拍手笑道：『倒是三妹妹高雅，我如今就去商議！』一面說，一面就走。」（第三十七回）

二、**寫詩最先成章**：當大觀園的姊妹第一次假秋爽齋以海棠爲題寫詩時，探春的「詠白海棠」就是第一個繳卷。我們且看探春的詩稿：

「斜陽寒草帶重門，苔翠盈舖雨後盆。玉是精神難比潔，雪爲肌骨易銷魂。芳心一點嬌無力，倩影三更月有痕。莫道縞仙能羽化，多情伴我詠黃昏。」（第三十七回）

探春這首詩雖然是最先繳卷，但並沒有粗製濫造，其內容也不弱於黛玉、寶釵，如以「才思敏捷」四字來形容她，應是當之無愧。

三、**精明不讓鳳姐**：王熙鳳的精明能幹，在榮國府裏是人人稱道的。但探春與之相比，並不多讓。我們看榮國府眾人對她的看法：

「眾人先聽見李紈獨辦，各各心中暗喜，因爲李紈素日是個厚道多恩無罰的人，自然比鳳姐兒好搪塞些；便添了一個探春，都想著不過是個未出閨閣的年輕小姐，且素日也最平和恬淡，因此都不在意，比鳳姐兒前便懈怠了許多。只三四天後，幾件事過手，漸覺探春精細處不讓鳳姐……」（第五十五回）

甚至連王熙鳳聽了探春處理的幾件事情之後，也不禁笑道：「好！好！好個三姑娘！我說不錯。」（第五十五回）

可見探春處理事情的能力，的確爲府裏上上下下所肯定。

探春的膽識

一、爲王夫人仗義執言：賈赦看上了賈母屋裏的丫頭鴛鴦，要邢夫人向賈母討爲侍妾。邢夫人叫來鳳姐商議，鳳姐知事難成，便設計避開。邢夫人只好硬著頭皮自己去找鴛鴦，豈知鴛鴦執意不肯，甚至將勸她的哥嫂大罵一頓。後來趁著王夫人、薛姨媽、李紈、鳳姐、寶釵等姊妹都在賈母跟前的機會，拉著她嫂子來到賈母面前，一面哭訴經過，一面拿了剪刀就鉸頭髮。

「賈母聽了，氣得渾身打戰，口內只說：『我通共剩了這麼一個可靠的人，他們還要來算計！』因見王夫人在旁，便向王夫人道：『你們原來都是哄我的！外頭孝順，暗地裏盤算，我有好東西也來要，有好人也來要，剩下這個毛丫頭，見我待她好了，你們自然氣不過，弄開了她，好擺弄我！』王夫人忙站起來，不敢還一言。」（第四十六回）

這時候在場的人雖然不少，或不便辯，或不敢辯。只有探春「陪笑向賈母道：『這事與太太（王夫人）什麼相干？老太太想一想，也有大伯子的事，小嬸子如何知道？』話未說完，賈母笑道：『可是我老糊塗了！姨太太（薛姨媽）別笑話我！你這個姐姐（王夫人），她極孝順，……可是我委屈了她！』」（第四十六回）

在當時的社會裏，長輩盛怒之下，不管有理無理，晚輩都得認罪，探春能在此時說出幾句公道話，可見她的膽識。

二、**爲丫頭挺身擔責**：因大觀園內發現了十錦春意香袋，王熙鳳和王善保家的奉王夫人之命，抄檢大觀園，一路抄來，從寶玉到黛玉的丫頭，都很順利，惟獨到了探春那兒，她對其丫頭非常呵護，不讓搜檢，我們且看這段描述：

「這裏鳳姐和王善保家的又到探春院內，誰知早有人報與探春了。探春也就猜著必有原故，所以引出這等醜態來，遂命丫嬛開門而待。一時，眾人來了，探春故問何事。鳳姐笑道：『因丟了一件東西，連日訪察不出人來，恐怕旁人賴這些女孩子們，所以大家搜一搜，使人去疑兒，倒是洗淨她們的好法子。』探春笑道：『我們的丫頭，自然都是些賊。我就是頭一個窩主。既如此，先來搜我的箱櫃。她們所偷了來的，都交給我藏著呢。』說著，便命丫嬛們把箱一齊打開，請鳳姐去抄閱。鳳姐陪笑道：『我不過是奉太太的命來，妹妹別錯怪了我。』因命丫嬛們：『快快給姑娘關上。』平兒、豐兒等先忙著替侍書等關的關，收的收。探春道：『我的東西，倒許你們搜閱；要想搜我的丫頭，這可不能。我原比眾人歹毒；凡丫頭所有的東西，我都知道，都在我這裏間收著。一針一線，她們也沒得收藏。要搜，所以只來搜我。你們不依，只管去回太太，只說我違背了太太，該怎麼處治，我去自領。』

（第七十四回）

鳳姐等人沒奈何，只好敷衍了事，並不敢真正抄檢。

探春敢於為丫頭承擔一切，一方面固然由於她對丫頭的瞭解和信任，另方面又何嘗不是因為她有過人的膽識。

探春的威嚴

一個小姐的身份，在榮府誠然相當尊貴，不過要獲得上上下下三四百人發自內心的尊重，也並不容易。探春的親弟賈環和她是一個肚皮出來的，其在一般人心中的份量，就截然不同。正如王熙鳳說的：「真真一個娘肚子裏跑出這樣天懸地隔的兩個人來！我想到那裏就不服！」探春之受到上下的尊重，當然與她的學識才能有關；也當然與她的言行修養有關。我們且看鳳姐和丫頭們對她是如何小心翼翼：

一、**鳳姐懼她五分**：平兒對眾媳婦說：「她（探春）是個姑娘家，不肯發威動怒，這是她尊重；果然招動了大氣，……你們就現喫不了的虧！她撒個嬌兒，太太也得讓她一二分，二奶奶（鳳姐）也不敢怎麼。」又說：「那三姑娘雖是個姑娘，你們都橫看了她。二奶奶在這些大姑子小姑子裏頭，也就單怕她五分兒。」（第五十五回）

以上是平兒的話，至於鳳姐是不是真如平兒所說，我們且看下面這一段：

鳳姐囑咐平兒說：「如今俗話說：擒賊必先擒王。她（探春）如今要作法開端，一定先拿我開端。倘或她要駁我的事，你可別分辯，你只越恭敬越說駁的是纔好。千萬別想著怕

我沒臉，和她一強就不好了。」（第五十五回）

可見鳳姐對探春，的確有幾分顧忌。

二、丫頭不敢怠忽：當探春面有怒色的時候，連最有地位的平兒也「不敢以往日喜樂之時相待，只一邊垂手默侍。」至於其他小丫嬛，「因探春纔哭了，便有三四個小丫嬛捧了臉盒、巾帕、靶鏡等物來。此時探春因盤膝坐在矮板榻上，那捧盆丫嬛走至跟前便雙膝跪下，高捧臉盆；另兩個丫嬛也都在旁屈膝捧著巾帕並靶鏡脂粉之飾。平兒見侍書不在這裏，便忙上來與探春挽袖卸鐲；又接過一條大毛巾來，將探春面前衣襟掩了，探春方伸手向臉盆中盥沐。」（第五十五回）

當探春用飯的時候，「眾媳婦皆在廊下靜候，裏頭只有她們緊跟常侍的丫嬛伺候，別人一概不敢擅入。……此時裏面惟聞微嗽之聲，不聞碗箸之響。」（第五十五回）

下人侍奉，恭敬如此，探春的威嚴可知。

探春對榮國府的貢獻

一、除弊：探春代理熙鳳職務最值得一提的政績，就是免除重複的開支。第一件是蠲免了寶玉、賈環和賈蘭上學買點心紙筆的公費每人八兩。因爲這一項開支，原是以他們上學爲名，實際是給襲人、趙姨娘和李紈做額外津貼的。

探春叫進來支領賈環、賈蘭上學公費的媳婦問道：「環爺和蘭哥家學裏這一年銀子是做那一項用的？」那媳婦便回說：「一年學裏吃點心，或者買紙筆，每位有八兩銀子的使用。」探春道：「凡爺們的使用，都是各屋裏月錢之內；環哥的是姨娘領二兩，寶玉是老太太屋裏襲人領二兩，蘭哥兒是大奶奶屋裏領。怎麼學裏每人多這八兩？原來上學去的是爲這八兩銀子？從今日起，把這一項蠲了。」（第五十五回）

第二件是蠲免了姑娘們每月重支的頭油脂粉費每人二兩。因爲姑娘們每月已有了二兩月銀，丫頭們又另有月錢，顯然是重複浪費，白白便宜了買辦。

「探春便命她（平兒）腳踏上坐了，因說道：『我想的事，不爲別的，只想著我們一月所用的頭油脂粉，又是二兩的事。我想偺們一月已有了二兩月銀，丫頭們又另有月錢，可不是又同剛纔學裏的八兩一樣重重疊疊？……你們奶奶（鳳姐）怎麼就沒想到這個呢？』平兒笑道：『姑娘們所用的這些東西，自然該有分例，……沒有個我們天天各人拿著錢，找人買這些去的；所以外頭買辦總領了去，按月使女人按房交給我們。……如今我冷眼看著，『各屋裏我們姐妹都是現拿錢買這些東西的，竟有了一半了。我就疑惑，不是買辦脫了空，就是買的不是正經貨。』……探春道：『饒費了兩起錢，東西又白丟一半，不如竟把買辦的這一項每月蠲了爲是。』」（第五十五回）

二、興利：探春代理熙鳳職務期間，除了免除重複的開支外，另一重大的政績，就是提出大觀園的管理方案。把大觀園內花卉樹木交給幾個忠實的老婆子承包，不收租費，只需孝敬一點姑娘們頭油脂粉和瓶花鳥食。這樣既爲公家一年省下四百多兩銀子（據平兒計算），又爲園中參與其事的婆子們開闢財源，就是未參其事的，也可以分得一些好處，而園中花木又有人保護和整理，真是一舉而數得。她的方案是這樣的：

「探春又接說道：『在園子裏所有的老媽媽中揀出幾個老成本分，能知園圃的，派他們收拾料理；也不必要他們交租納稅，只問他們一年可以孝敬些什麼。一則園子有專定之人修理，花木自然一年好似一年了，也不用臨時忙亂；二則也不致作踐，白辜負了東西；三則老媽媽們也可借此小補，不枉成年家在園中辛苦；四則也可省了這些花兒匠、山子匠、並打掃人等的工費。將此有餘以補不足，未爲不可。』寶釵正在地下看壁上的字畫，聽如此說，便點頭笑道：『善哉！三年之內，無饑饉矣！』李紈道：『好主意！果然這麼行，太太必喜歡！省錢事小，園子有人打掃，專司其職，又許他去賣錢，──使之以權，動之以利，──再無不盡職的了！』」（第五十六回）

寶釵、李紈並沒有恭維，這個方案果然使得大觀園煥然一新，奴僕們人人歡喜。

結語

從以上探春在代理熙鳳職務期間的表現，可見她的的確確是一個足以使榮國府振衰起弊的人才。祇可惜代理期間短暫，未能充分施展；而且最後又必須遠嫁，寶釵聽到探春遠嫁，就心裡叫苦：「我們家的姑娘就算他是個尖兒，如今又要遠嫁，眼看這裡的人一天少似一天了！」

第二十二回脂硯齋批也說：「使此人（探春）不遠去，將來事敗，諸子孫不至流散也。」可見脂硯齋對其期望之高，而探春畢竟還是遠去，使榮國府復興的希望幻滅，這也許就是所謂的「氣數」使然吧！

榮國府的當家人—王熙鳳

研究「紅樓夢」的人，對於王熙鳳其人，看法各有不同，一般說來，總是貶者多而褒者少。不過純就財務管理的觀點來看；筆者認爲王熙鳳以一個年輕孫媳婦的身份，就能接掌榮國府的財政大權，「銀子上千錢上萬，一天都從她一個人手裏出入，一個嘴裏調度。」（第六十八回）的確可圈可點，可敬可佩。

王熙鳳在「紅樓夢」裏，是列入所謂金陵十二釵正冊之一的，曹雪芹在那本大著裏描寫的男男女女共約四百四十八個人中，給她的介紹也最多，大概除了賈寶玉等三角戀愛的三個主角外，恐怕再無人可與倫比了。在曹雪芹的筆下，王熙鳳可說是風姿動人，才華出衆。我們從以下的兩段對話，就不難窺見這個美麗少婦的影子。

第二回冷子興對賈雨村說：「若問那赦老爺，也有一子，名叫賈璉，……親上做親，娶的是政老爺夫人王氏內姪女（熙鳳）……誰知自娶了這位奶奶之後，倒上下無一人不稱讚他的夫人，璉爺倒退了一舍之地，模樣又極標緻，言談又極爽利，心機又極深細，竟是個男人萬不及一的！」

第六回周瑞家的對劉老老說：「這鳳姑娘年紀兒雖小，行事兒比是人都大呢。如今出挑的美人兒似的；少說著只怕有一萬心眼子，再要賭口齒，十個會說的男人也說不過他呢！」

當然，這只是風評，至於事實又如何呢？我們且看她協理寧國府的表現。

原來寧國府正當媳婦秦氏去逝整個府裏忙著辦理喪事亂糟糟的時候，一家之主的尤氏又病倒，賈珍便向榮國府的王夫人借將，商借王熙鳳協理寧國府的家務，王熙鳳應允之後，首先對寧國府作了一番診斷，發現寧國府主要是制度不立；沒有人事管理制度，沒有財物管理制度，也沒有內部審核制度，致有以下諸問題：

「頭一件是人口混雜，遺失東西；二件，事無專管，臨期推諉；三件，需用過費，濫支冒領；四件，任無大小，苦樂不均；五件，家人豪縱，有臉者不服鈐束，無臉者不能上進。」（第十三回）

於是對症下藥，一面命她的丫頭彩明訂造冊簿，登記領用材物；一面傳了寧府總管賴陞媳婦要「家口花名冊」，按名一個一個叫進來看視，共約一百數十人，一一分派工作：

那些人管親友來往、倒茶；那些人管本家親戚茶飯；那些人管靈前上香、添油、掛幔、守靈、供飯、供茶、隨起舉哀；那些人在內茶房收管杯碟茶器；那些人管酒飯器皿；那些人管收祭禮；那些人管各處燈油、蜡燭、紙劄；那些人每日輪流各處上夜、照管門戶、監察火燭；下剩的按房分開，一人負責一處，所有桌椅古玩起，至於痰盒、撣子等物，一草一苗，或丟或壞，就問這看守的賠償。又派賴陞家的負責每日攬總查看，或有偷懶的、賭錢吃酒打架拌嘴的，立刻拿了來回話，不得循情，真是巨細無遺。

王熙鳳在賈珍及尤氏的支持下，威重令行，寧國府經過她的整頓之後，果然立竿見影，馬上見效：「眾人也都有了投奔，不似先時只揀便宜的做，剩下苦差，沒個招攬。各房中也不能趁亂迷失東西；便是人來客去，也都安靜了，不比先前紊亂無頭緒。一切偷安竊取等弊，一概都蠲了。」（第十四回）

也許有人認爲王熙鳳不過掌管一個家庭的財務，即使她能把榮國府的財務管理得很好，也不能證明她有管理更大規模的大企業財務的能力，這話誠然不錯，但筆者認爲這個家庭非一般家庭可比，其規模之大，時下很多企業都未必能及。

首先就土地面積而言：這個家庭的土地，除了東省出租的地畝不計外，光就榮寧兩府，就大得嚇人，「街東是寧國府，街西是榮國府，兩宅相連，竟將大半條街占了。」（第二回）「從東邊一帶，接著東府裏花園起至西北，丈量了一共三里半。」（第十六回）現在除了公營營事業外，請問有幾個民營事業有這麼大的土地面積？

次就管理費用而言：這個家庭一年的開支也是相當龐大，具體的數字雖無法確知，不過我們也可以從書中找到概略的答案：

「奴才在這裏經管地租莊子銀錢出入，每年也有三五十萬來往。」（第八十八回管家周瑞所說）

「銀子上千錢上萬，一天都從她（王熙鳳）一個人手裏出入，一個嘴裏調度。」（第六十八回善姐兒所說）

一天的銀錢出入，銀子可以上千，錢可以上萬，那麼一年的銀錢出入應有多少，就不難推知了。自然，這只是榮府的部份，如果榮寧兩府合算起來，其每年的銀錢出入數字，自必更倍於此。

再就家庭人數而言：這個家庭的成員，很可能超過現在許多著名的企業，依據經濟部八十四年的調查資料，台灣八一、九八二家工廠中，員工人數在二百人以上的不過一、三三二家，其餘八〇、六五〇家都在一九九人以下。榮寧兩府究竟有多少人呢？作者在「榮寧兩府的人事包袱」一文中曾作過分析，兩府加起來，其總人數大概爲五百餘人，即榮府三百餘口，寧府接近兩百人，這樣的人數，就以公司標準來，也算是一家極具規模的公司。

由以上事實看，榮國府的確是非常複雜，而王熙鳳在這複雜的環境裏扮演這一柱擎天的角色，其困難可知，然而她卻演來得心應手，有聲有色，主要原因如下：

一、**主管長官的信任**：如果榮國府是一家公司，董事長無疑地就是賈母，總經理自然是王夫人了，這位總經理秉性忠厚，平日唸佛吃齋，但求清靜，而且又是王熙鳳的姑母，親上加親，其信任自不在話下；至於董事長賈母，對鳳姐更是寵信有加，這裏可以舉出兩個例證：

其一就是榮寧二府抄家之後，賈赦、賈珍分別發配臺站及海疆效力需要盤費之際，賈母拿出她的私蓄，叫賈赦、賈政及賈珍等一一分派，給賈赦三千兩，說：「這裏現有的銀子，你拿二千兩去做你的盤費，留一千給大太太另用。這三千給珍兒，你只許拿一千去，留下二千給你媳婦收著，仍舊各自過日子。……只可憐鳳丫頭操了一輩子的心，如今弄的精光，也給他三千兩，叫他自己收著，不許要璉兒用。」（第一百七回）

賈赦是她親兒子，給他三千兩銀子，只許他帶二千走，剩下一千留給太太。賈珍是她侄孫子，也給三千兩，其差別是只許帶走一千，兩千留給太太過活。鳳姐是她的孫媳婦，雖也是三千兩，可是全由鳳姐自己收著，不許她的親孫子璉兒花用。可見王熙鳳在賈母心目中的份量，是遠超過她的兒子孫子的。

其二就是賈母臨終之前，叫人把她扶了起來，「說道：『我到你們家已經六十多年了，從年輕的時候到老來，福也享盡了。自你們老爺起，兒子孫子也都算是好的了。就是寶玉呢，我疼了他一場！』說到那裏，拿眼滿地下瞅著。王夫人便推寶玉走到床前。賈母從被窩裏伸出手來拉著寶玉道：『我的兒！你要爭氣纔好！』寶玉嘴裏答應，心裏一酸，那眼淚便要流下來；又不敢哭，只得站著。聽賈母說道：『我想再見一個重孫子，我就安心了！我的蘭兒在那裏呢？』李紈也推賈蘭上去。賈母放了寶玉，拉著賈蘭道：『你母親是要孝順的！將來你成了人，也叫你母親風光風光！鳳丫頭呢？』鳳姐本來站在賈母身邊，趕忙走到跟前說：『在這裏呢。』賈母道：『我的兒！你是太聰明了！將來修修福罷！我也沒有修甚麼；不過心實吃虧。』」（第一百十回）

賈母臨終之前，在那麼多兒孫當中，指名要見的共僅三個人，而這三個人當中，就有王熙鳳，也足證王熙鳳在賈母心目中的份量自是不同。

二、隨機應變的能力：王熙鳳反應之快，在大觀園群芳中，也是首屈一指的，我們只從賈赦看上了鴛鴦的事例，就可以獲得證實。

鴛鴦是賈母屋裏的天字第一號的丫頭，賈赦想收在房裏，要他的太太邢夫人和老太太討去，邢夫人找鳳姐來商量，想先探探鴛鴦的意思，「邢夫人告訴他道：『我的主意，先不和老太太說；老太太說不給，這事就死了。我心裏想著：先悄悄的和鴛鴦說，──他雖害臊，我細細的告訴了他，他要是不言語，就妥了。──那時再和老太太說，老太太雖不依，擱不住他願意，常言「人去不中留」，自然這就妥了。……你先過去，別露一點風聲，我吃了晚飯就過來。』鳳姐兒暗想：『我先過去了，太太後過去，他要依了，便沒的話說；倘或不依，太太是多疑的人，只怕疑我走了風聲，……』想畢，因笑道：『纔我臨來，舅母那邊送了兩籠子鵪鶉，我吩咐他們炸了，原要趕太太晚飯上送過來。我纔進大門時，見小子們抬車，說：「太太的車拔了縫，拿去收拾去了。」不如這會子坐了我的車，一齊過去倒好。』邢夫人聽了，便命人來換衣裳。鳳姐忙著伏侍了一回，娘兒兩個坐車過來。」（第四十六回）

在王熙鳳看來，明知是不可能之事，可是賈赦是她的公公，邢夫人是她婆婆，自不便澆冷水，但怕萬一不成疑到自己頭上來，於是找了一個藉口與邢夫人同行，既到了賈母門口，又藉故讓邢夫人先過去，後來談的結果，果然不出王熙鳳所料，不但老夫人不答應，鴛鴦也不同意，邢夫人自討沒趣，碰得鼻青眼腫，王熙鳳算是機智的逃過了一場是非。

其他類似的表現，在紅樓夢一書裏，可說是俯拾即是，信手可拈，如平兒失鐲、賈寶玉丟玉等等，自不便一一列舉了。

三、**冷靜清晰的頭腦**：王熙鳳頭腦的敏銳也是超人一等的，她好像心中自有帳冊，領物領錢，誰該領，誰濫報，只要唸給她聽了，她都能及時判明。以下就是幾個例子：

「榮國府中的王興媳婦來了，鳳姐問她『來作甚麼？』王興家的近前說：『領牌取線，打車轎網絡。』說著將帖兒遞上。鳳姐令彩明念道：『大轎兩頂，小轎四頂，車兩輛，共用大小絡子若干根，每根用珠兒線若干斤。』鳳姐聽了，數目相合，便命彩明登記，取榮府對牌發下。王興家的去了。鳳姐方欲說話，只見榮國府的四個執事人進來，都是支取東西領牌的。鳳姐問他們要了帖，唸過聽了，一共四件；因指兩件道：『這個開銷錯了，再算清了來領。』說著，將帖子摔下來，那二人掃興而去。」（第十四回）

「鳳姐飯畢，就有寧府一個媳婦來領牌，爲支取香燈。鳳姐笑道：『我算著你今兒該來支取。想是忘了？』那媳婦笑道：『何嘗不是忘了！方纔想起來。再遲一步，也領不成了。』說畢，領牌而去。」（同上回）

由以上的事例，可見王熙鳳之精細，也可見榮國府在這樣一位精明能幹的當家人管理下，那些妄圖矇騙上級而自肥之徒，無不是自取其辱。

四、能言善辯的口才：王熙鳳口才之好，在榮寧二府裏是無出其右的，她講話亦莊亦諧，要理有理，要趣有趣。我們先看周瑞家的對她的評價：

「如今出挑的美人兒似的；少說只怕有一萬心眼子，再要賭口齒，十個會說的男人也說不過他（王熙鳳）呢！」（第六回）

以下再看賈母對她的看法：

「賈母因笑說道：『及至今年偏又把鳳丫頭（王熙鳳）病了。有他一個說說笑笑，還抵得十個人的空兒。』說畢不覺長嘆一聲。」（第七十六回）

也許有人認爲周瑞家的是王夫人的賠房，來自王家，對王熙鳳本來有份特殊情感，難免溢美；至於賈母，則一向最疼王熙鳳，因爲喜歡王熙鳳，對她的一顰一笑、一舉一動，自然都覺得格外可愛了。事實上，王熙鳳的口才，不僅賈母和周瑞家的欣賞，榮府上上下下，幾乎無不佩服。我們且從擊鼓傳梅一事看王熙鳳在衆人心目中的印象：

「賈母笑道：『到了誰手裏住了鼓，吃一杯。也要說些什麼纔好！』鳳姐兒笑道：『依我說，誰像老祖宗要什麼有什麼呢？我們這不會的，不沒意思嗎？怎麼能雅俗共賞纔好。不如誰住了，誰說個笑話兒罷。』眾人聽了，都知道他素日善說笑話兒，肚內有無限新趣令；今見如此說，不但在席的諸人喜歡，連地下伏侍的老小人等無不歡喜。那小丫頭子們都忙去找姐姐叫妹妹的，告訴他們快來聽：『二奶奶（王熙鳳）又說笑話兒了！』眾丫頭子們便擠了一屋子。」（第五十四回）

丫頭們一聽說王熙鳳要講笑話了，於是呼姐叫妹，上上下下擠了一屋子。可見她的魅力之大，祇怕胡適演講，也要遜色幾分。

五、明快果毅的的作風：王熙鳳處理事情的明快果斷，是許多男人所不及的，以下就是她應付太監需索的例：

「一語未了，人回：『夏太監打發一個小內家來說話。』賈璉聽了，忙皺眉道：『又是什麼話！一年他們也搬𣪍了！』鳳姐道：『你藏起來，等我見他。若是小事，罷了，若是大事，我自有回話。』賈璉便躲入內套間去。這裏鳳姐命人帶進小太監來，讓他椅上坐了吃茶，因問何事。那小太監便說：『夏爺爺因今兒偶見一所房子，如今竟短二百兩銀子，打發我來問舅奶奶家裏有現成的銀子，暫借一二百，這一兩日就送來。』鳳姐兒聽了，笑道：『什麼是送來！有的是銀子，只管先兌了去。改日等我們短住，再借去也是一樣。』小太監道：『夏爺爺還說：上兩回還有一千二百兩銀子沒送來，等今年年底下，自然一齊都送過來的。』鳳姐笑道：『你夏爺爺好小氣。這也值的放在心裏？我說一句話，不怕他多心：要都這麼記清了還我們，不知要還多少了。只怕我們沒有；要有，只管拿去。』因叫旺兒媳婦來，出去不管那裏先支二百銀來。旺兒媳婦會意，因笑道：『我纔因別處支不動，纔來和奶奶支的。』鳳姐道：『你們只會裏頭來要錢；叫你們外頭弄去，就不能了。』說著，叫平兒：『把我那兩個金項圈拿出去，暫且押四百兩銀子。』平兒答應去了，果然拿了一個錦盒子來，裏面兩個錦袱包著。打開時，一個金纍絲攢珠的，那珍珠都有蓮子大小；一個點翠嵌寶石的；兩個都與宮中之物不離上下。一時拿去，果然拿了四百兩銀子來。鳳姐命給小太監打疊一半，那一半與了旺兒媳婦，命他拿去辦八月中秋的節。那小太監便告辭了。鳳姐命人替他拿著銀子，送出大門去了。」（第七十二回）

由上例可見她應付太監的需索，的確非常得體。此類「外祟」（借用賈璉語），既不能拒絕不給，又不能給得太過乾脆，所以她當著小太監的面，叫平兒押當金項圈，自然有幾層用意。她罵旺兒媳婦說：「你們只會裏頭來要錢；叫你們外頭弄去，就不能了。」這是指著和尚罵禿驢，真夠淋漓痛快。

王熙鳳在榮國府姊妹淘中，是唯一沒有唸過書的，可是她不學「有」術，她因「理家久了，每每看帖看帳，也認識得幾個字了。」（第七十四回）

她雖然不會作詩，但在海棠詩社眾人的要求下，起一個頭也非常得體，在第五十回裏有這麼一段：「鳳姐兒笑道：『想下雪必刮北風；昨夜聽見一夜的北風，我有一句。這一句就是「一夜北風緊。」使得使不得，我就不管了。』眾人聽說，都相視笑道：『這句雖粗，不見底下的，這正是會作詩的起法；不但好，而且留了寫不盡的多少地步與後人。就以這句爲首。』」於是就接著聯下去了。

這眾人的評斷，第二句以下，自是正確，惟獨前句「雖粗」之說，筆者卻不敢苟同。「一夜北風緊。」此句何等美妙，尤其這個「緊」字，用得再恰當不過，這種句子正是一般詩人慣用的寫實手法，很多膾炙人口的好詩，如：「春眠不覺曉，處處聞啼鳥，……」「花間一壺酒，獨酌無相親；……」等，其起首句無不是景物的白描，但我們能謂其「粗」麼？

王熙鳳儘管這麼精明能幹，但榮國府仍然是年年虧損。當然，其罪不在鳳姐，原因是太過豪奢。茲舉兩例以概其餘：

一、賈母八十大壽，「七月二十八日起，至八月初五日止，寧、榮兩處，齊開筵宴，寧國府中，單請官客，榮國府中，單請堂客。大觀園中，收拾出綴錦閣並嘉蔭堂等幾處大地方來做退居。二十八日請皇親駙馬王公諸王郡主王妃公主國君太君夫人等；二十九日便是閣府督鎮及誥命等；三十日便是諸官長及誥命並遠近親友及堂客；初一日是賈赦的家宴；初二日是賈政；初三日是賈珍、賈璉；初四日是賈府中合族長幼大小共湊家宴；初五日是賴大、林之孝等家下管事人等共湊一日。」（第七十一回）

做壽一連鬧上八天，人來人往，需花多少銀子，這種氣派，能說不豪奢麼？

二、元妃奉旨省親，「上輿進園，只見園中香煙繚繞，花影繽紛；處處燈光相映，時時細樂聲喧；說不盡這太平景象，富貴風流！卻說賈妃在轎內看了此園內光景，因點頭嘆道：『太奢華過費了！』」既而遊園，「登樓步閣，涉水緣山，眺覽徘徊，一處處鋪陳華麗，一樁樁點綴新奇。元妃極加獎讚，又勸以後不可太奢了，此皆過分。」回鑾的時候，又再四叮嚀：「倘明歲天恩仍許歸省，不可如此奢華糜費了。」（第十八回）

元妃是當朝皇上的貴妃，宮裏的富麗堂皇自然看得多了，尚且覺得奢華糜費，一再叮嚀，能說其不是豪奢太過麼？

王熙鳳身爲榮國府的當家人，對府裡的豪奢和糜費的情形，當然最爲清楚，所以她一面自己料理省儉之計，她對平兒說：

「你知道我這幾年生了多少省儉的法子，一家子大約也沒個背地裏不恨我的。我如今也是騎上老虎了，雖然看破些，無奈一時也難寬放。二則家裏出去的多，進來的少，凡有大小事兒，仍是照著老祖宗手裏的規矩；卻一年進的產業，又不及先時。多省儉了，外人又笑話，老太太、太太也受委屈，家下也抱怨尅薄。若不趁早兒料理省儉之計，再幾年就都賠盡了。」（第五十五回）

另一面則利用機會，向賈母及王夫人作適當的建議，例如：

一、馮紫英拿了幾件寶物來兜售，總價要二萬兩銀子，賈政叫賈璉拿了給老太太及邢王二夫人看，鳳姐不贊成買，「她說：『東西自然是好的；但是那裏有這些閒錢？偺們又不比外任督撫要辦貢。我已經想了好些年了：像偺們這種人家，必得置些不動搖的根基纔好；或是祭地，或是義莊，再置些墳屋；往後子孫遇見不得意的事，還是點兒底子，不到一敗塗地。我的意思是這樣，不知老太太老爺太太們怎麼樣？』賈母與眾人都說：『這話說的倒

也是。』」（第九十二回）

二、大觀園裏的山石上，發現一個十錦春意香袋，這個關係家族顏面的東西，王夫人自然要查，鳳姐便趁機說：「如今丫頭也太多了，保不住人大心大，生事作耗。等鬧出來，反悔之不及，如今若無故裁革，不但姑娘（小姐）們委屈，就連太太和我也過不去。不如趁這機會，以後凡年紀大些的，或有些磨牙難纏的，拿個錯兒，攆出去，配了人；一則保的住沒有別事，二則也可省些用度。太太想我這話如何？」王夫人嘆道：「你說的何嘗不是！但從公細想，你這幾個姊妹，每人只有兩三個丫頭像人，餘者竟是小鬼兒是的，如今再去了，不但我心裏不忍，只怕老太太未必就依。雖然艱難，也還窮不至此。我雖沒受過大榮華，比你們是強些，如今寧可省我些，別委屈了他們。」（第七十四回）

顯然地，王熙鳳的前一個建議是被採納了，而後一個建議則被王夫人否決掉，其實榮國府正是犯了今天一般公營事業的通病——人事浮濫，裁減一部份家人丫頭，的確非常必要，就如同管家林之孝說的：「把這些出過力的老家人，用不著的，開恩放幾家出去；一則他們各有營運，二則家裏也省口糧月錢。再者，裏頭的姑娘（丫頭）也太多。……如今說不得先時的例了，少不的大家委屈些，該使八個的使六個，使四個的使兩個。若各房算起來，一

年也可以省得許多月米月錢。」（第七十二回）

可惜王夫人慮不及此，這麼好的一個精簡用人的建議竟以「還窮不至此」的理由不予採行，而王熙鳳又不免女人心腸，不忍心讓寵愛她的賈母及王夫人太受委屈，致使許多該節儉的地方未能節儉，不該舖張的地方又過分舖張，馴致入不敷出，王熙鳳固難辭其咎，其主要責任似應該由王夫人擔負的。

平心而論，如果不以成敗論英雄的話，王熙鳳的確是一個難得的財務管理人才，以她的資賦，如果再能接受一點教育，吸收一點現代財務管理知識，甭說一個大家庭的財務主管，等而上之的財務工作，一定也能勝任愉快的。

榮寧兩府財務診斷

兩府的症狀

從財務管理的角度來看，榮寧兩府的確是生病了，而且病得不輕，根據「紅樓夢」書中的資料，其連年虧損、資金調度困難的情形，不但應該及時診斷，嚴重性幾乎到了需立即開刀的程度，自不容諱疾忌醫。我們且看兩府的症狀：

一、**外人的評估**：紅樓夢開始，冷子興就對賈雨村說：「如今的這榮寧二府也都蕭索了，不比先時的光景。」又說：「如今生齒日繁，事務日盛，主僕上下，安富尊榮者儘多，運籌謀畫者無一；其日用排場費用，又不能將就省儉；如今外面的架子，雖未甚倒，內囊卻也盡上來了。」（第二回）

二、**賈蓉的看法**：寧國府賈蓉對烏進孝說：「這二年（指榮府），那一年不賠出幾千兩銀子來，頭一年省親，連蓋花園子，我算算，那一注花了多少，就知道了。再二年，再省一回親，只怕就精窮了。」（第五十三回）

三、當家人的老實話：王熙鳳是榮國府的當家人，她對劉老老說：「不過借賴著祖父虛名，做個窮官兒罷了。誰家有甚麼？不過是個舊日的空架子。」（第六回）又對平兒說：「家裏出去的多，進來的少，凡有大小事兒，仍是照著老祖宗手裏的規矩，卻一年進的產業，又不及先時。多省儉了，外人又笑話，老太太、太太也受委屈，家下也抱怨剋薄。若不趕早料理省儉之計，再過幾年都賠盡了！」（第五十五回）

以上是榮寧兩府大概的症狀，外人的評估，係概括榮寧兩府；賈蓉的看法和當家人的老實話，則專指榮府。比較起來，榮國府的情形，顯然又比寧國府危急得多。這一點，賈珍對黑山村烏莊頭說得很清楚，他說：

「我這邊（寧府）倒可以，沒甚麼外項大事，不過是一年的費用。我受用些就費些，我受些委屈就省些。再者，年例送人請人，我把臉皮厚些，也就完了。比不得那府裏（榮府），這幾年添了許多花錢的事，一定不可免是要花的，卻又不添些銀子產業。這一、二年賠了許多，不和你們要，找誰去？」（第五十三回）

榮府的八處莊地，比寧府莊地要多幾倍，而根據第五十三回烏莊頭所說，其年收入與寧府一樣，不過二、三千兩銀子，從這一點，就可知榮府的入不敷出了。怪不得賈璉要說：

「這會子再發三、二百萬的財就好了。」甚至連只管享樂、不問家事的賈赦，也竟能感覺出來，他對馮紫英說：「我們家裏也比不得從前了，這回兒也不過是個空門面。」（第九十二回）榮府的情形，賈珍的比喻最爲恰當，他形容榮府是「黃柏木作了磬槌子，外頭體面裏頭苦！」真是一針見血。

兩府問題的癥結

一、莊地出租，收入無法掌控：

榮寧兩府的收入，主要是依賴各處的莊地。而這些莊地，係委由黑山村的烏進孝兄弟分別承租經營，每年該納多少銀子，悉憑烏氏兄弟良心決定，主人完全不能控制。例如有一年烏莊頭只給寧府送來二千五百兩銀子，「賈珍皺眉道：『我算定你至少也有五千銀子來。這觳做甚麼的！如今你們一共只剩了八、九個莊子，今年倒有兩處報了旱潦，你們又打擂臺，真真是叫別過年了！』烏進孝道：『爺的這地方還算好呢。我兄弟離我那裏只一百多里，竟又大差了。他現管著那府（榮府）八處莊地，比爺這邊多著幾倍，今年也是這些東西，

不過二、三千兩銀子，也是有饑荒打呢！』」（第五十三回）

這段對話，把榮寧兩府的收入情形都交代了。可見一個數百人的大家庭，如果收入不能有效掌握，的確是非常痛苦。也可見這些莊地的承租人，經常藉水旱災之故少繳銀子。賈珍所說的「你們又打擂臺，真真是叫別過年了！」這是真心話。

榮寧兩府，不僅莊地收入不能有效掌握，甚至官俸收入也無法控制。賈政曾經外放做過一任外人視爲肥缺的「江西糧道」，他這一任官做下來，不惟把官俸所得悉數賠了進去，還從家裏拿了許多錢去。王夫人向賈璉說：「自從你二叔（賈政）放了外任，並沒有一個錢拿回來，把家裏的倒掏摸了好些。」（第一百三回）王夫人說的，也是真心話。

二、奴才過多，用人費用偏高：

榮寧兩府的奴僕，少說也有四百多人，這些奴僕分上、中、下三等，除了服侍主子外，完全不治生產。此外，還養有小尼姑、小道姑、小沙彌、小道士、女戲子及駕舟娘等，合算起來，也超過五十人。這麼多人的月米月錢，就是一個大包袱。榮寧二府被查抄之後，賈政就對賈母說：「只看了家下的人丁冊子，別說上頭的錢，一無所出，那底下的人也養不起許多。」（第一百七回）

可是賈府的規矩，一個小姐，通常要十一、二個下人侍候，包括乳母一個、教引嬤嬤四個、大丫頭二個、小丫頭四至五個。邢王二夫人的大丫頭則多了一倍，共有四個；賈母的大丫頭又多了一倍，共有八個。賈寶玉屋裏的丫頭，甚至多得連他自己也不能全部認得。王熙鳳不必說了，無論走去那裏，身後經常跟隨著一大群媳婦丫頭（詳見榮寧兩府的人事包袱）。

試想，一個家庭裡有這麼多無事可做的跟班，用人費用如何不高？

三、制度不立，難免營私舞弊：

榮寧兩府，因爲制度不健全，奴僕們只要經手財物，都可從中獲得好處。目前一般事務人員採購物品的回扣，通常只有總價的十分之一，但榮寧兩府的採辦人員，既狠又黑，他們吃下去的常常是總價的數倍。例如第二十四回裏，賈芸領了二百兩銀子，只拿出五十兩銀子去花兒匠方椿家裏買樹，其餘的盡入私囊。這種吃法，幾乎到了吃人的程度。

再如第五十三回裏，賈芹跑去寧府領取年物，卻被賈珍罵了一頓。賈珍說：「我這些東西原是給你們那些閒著無事沒進益的叔叔兄弟們的。那二年你閒著，我也給過你的。你如今在那府裏（榮府）管事，家廟裏管和尚道士們，一月又有你的分例外，這些和尚的分例銀錢，都從你手裏過，你還來取這個來？也太貪了。」（第五十三回）可見在這一大家庭當中，只要有機會管事，就不愁沒錢。這是公開的秘密，老闆賈珍自然知道得一清二楚。

一般說來，一個大家庭的制度越是不上軌道，經辦財務的人越是容易營私舞弊。因爲制度不健全，自然而然地便給管事的人製造了機會。榮寧兩府因爲沒有健全的制度，其管事如賴大、賴二、林之孝、周瑞等，幾乎都成了財主。根據第四十七回的介紹，賴大家的園子，就有大觀園一半大，家裏「一般也是樓房廈廳」，孩子們「也是丫頭老婆奶子捧鳳凰似的。」這些管家有錢，甚至連賈母也知道。賈母對他們說：「你們這幾個是財主，分位雖低，錢卻比他們（李紈、鳳姐）的多。」他們的錢來自何處？除了小部份可能係來自小奴才的孝敬以外，恐怕大部分都是歛自榮寧兩府，淸客程日興對賈政講的這段話就是最好的證明。他說：「我在這裏好些年，也知道府上的人那一個不是肥己的；一年一年都往他家裏拿，那自然府上是一年不彀一年了。」（第一百十四回）

四、奢靡浪費，造成府庫空虛：

榮寧兩府的主子們，都是奢靡成性。寧國府最浪費的例子，就是辦理秦可卿的喪事。賈珍的基本態度就是要喪禮風光好看，不在乎花錢多少。他對眾人說：「如何料理！不過儘我所有罷了！」又對臨時協理寧國府家務的鳳姐說：「只求別存心替我省錢，要好看爲上。」（第十三回）所以他花大把銀子爲死者之夫賈容捐了一個五品龍禁衛的官，以求風光。請一百另八個僧人在大廳拜「大悲懺」，九十九位全真道士在天香樓設壇解寃洗孽，靈前另外五十眾高僧、五十位高道，對壇按七作好事。出殯的時候，「大小轎子車輛，不下百十餘乘。連前面各色執事陳設，接連一帶，擺了有三四里遠。」（第十四回）一個年青媳婦的喪事，舖張如此，其浪費可知。

榮國府最浪費的例子，就是省親別院的興建。其範圍自東府裏花園起至西北，丈量了一共三里半。堆山鑿池，起樓豎閣，總共花了多少銀子，無法確知。書中有資料可尋的，是聘請教習、採買演戲女孩子，置辦樂器行頭等，花了三萬兩銀子；置辦彩燈、花燭並各色簾帳，花了二萬兩銀子。這一省親別院的興建，其靡費的程度，連元妃都覺得過份。她看了園內光景，因點頭嘆道：「太奢華過費了！」既而遊園，「登樓步閣，涉水緣山，眺覽徘徊，一處處舖陳華麗，一樁樁點綴新奇。元妃極加獎讚，又勸以後不可太奢了，此皆過分。」回鑾的時候，又再四叮嚀：「倘明歲天恩仍許歸省，不可如此奢華靡費了。」（第十八回）像這樣的浪費，毋怪乎賈蓉說：「再二年，再省一次親，恐怕就精窮了。」也毋怪乎賈政嘆說：「家計一天難似一天。」

如何使兩府起死回生

一、精簡用人：

在「紅樓夢」一書中，提出精簡用人建議的，有林之孝，有王熙鳳，也有賈母。這些建議，或只看作「小事」一件，或認爲「還窮不至此」，或由於精簡的幅度不大，致效果不彰（詳見榮寧兩府的人事包袱）。

筆者認爲要使榮寧兩府起死回生，至少應就現有奴僕去其四分之三，即三百人之譜，否則難以支撐。

二、減少靡費：

榮寧兩府各關係人中，最先提出減少靡費建議的是元妃，她奉旨省親，回鑾的時候，再四叮嚀：「倘明歲天恩仍許歸省，不可如此奢華靡費了。」（第十八回）

第二個提出減少靡費建議的是薛寶釵，這位「不干己事不張口，一問搖頭三不知」的人，居然勸王夫人說：「此外還要勸姨娘，如今該減省的就減省些，也不爲失了大家的體統。據我看，園裏這一項費用，也竟可以免的，說不得當日的話。」（第七十八回）

第三個提出減少靡費建議的是賈母，她於抄家之後囑咐賈政說：「那些地畝還交璉兒清理，該賣的賣，留的留，再不可支架子，做空。」（第一百七回）

以上前兩個建議，聽者均未重視。第三個建議，賈政雖奉命諸凡省儉，還是不能支持。原因自然是爲時太晚，積重難返，結果是艱難依舊，又弄得怨聲載道：「那些房頭上下人等，原是寬裕慣了的，如今較往日十去其七，怎能周到，不免怨言不絕。」（第一百八回）

筆者認爲榮寧兩府減少靡費最好的時機，是在秦可卿向王熙鳳託夢後即應開始。秦可卿向王熙鳳說：「常言『月滿則虧，水滿則溢。』又道是『登高必跌重。』如今我們家赫赫揚揚，已將百載；一日倘或『樂極生悲』，若應了那句『樹倒猢猻散』的俗語，豈不虛稱了一世詩書舊族了！」又說：「『否極泰來』，榮辱自古週而復始，豈人力所能常保的？但如今能於榮時籌畫下將來衰時的世業，亦可以常遠保全了。……若目今以爲榮華不絕，不思後日，終非長策。眼見不日又有一件非常的喜事，真是烈火烹油，鮮花著錦之盛；要知道也不過是瞬息的繁華，一時的歡樂，萬不可忘了那『盛筵必散』的俗語，若不早爲後慮，只

恐後悔無益了！」（第十三回）

這烈火烹油、鮮花著錦的喜事，自然是指元妃省親。如果鳳姐在秦可卿託夢後有所省悟，而從此省儉，或許能諫阻省親別院的興建（第九十二回鳳姐即係用秦婦託夢所說的道理諫阻了幾樣奢侈品的購買，節省了四萬兩銀子），即使不能諫阻，也不致那麼靡費，以致元氣大傷。顯見秦婦託夢後及時減少靡費，確是振衰起弊的最好時機，至少也應於元妃再四叮嚀不可奢靡後開始省儉，至於薛寶釵和賈母建議的時間，都嫌太晚，尤其是抄家之後，此時已是「家計蕭條，入不敷出。」即令不減少靡費，已無錢可靡了。

三、**增加收入**：

精簡用人、減少靡費的目的在減少支出，但榮寧兩府，除了變動支出外，固定支出也相當龐大，故如何增進收益，自然是這一大家族大家庭起死回生的關鍵。榮寧兩府中最先想到這一問題的是賈府的三小姐探春，探春對大觀園的管理曾有一套很好的辦法，那就是把園內花卉樹木交給幾個忠實的老婆子承包，不收租費，只需孝敬一點姑娘們頭油脂粉瓶花鳥食。這樣既爲公家一年省下四百多兩銀子，又爲園中參與其事的婆子們開闢財源，就是未參與其事的也可以分得一些好處，而園中花木又有人保護和整理，真是一舉而數得（詳見榮國府的財務功臣—賈探春）。

可惜人存政舉，人亡政息，不知打從甚麼時候開始，也許在探春交卸代理熙鳳職務之後，也許在探春遠嫁之後，這個園子就被封鎖了，任令荒蕪。後來因覺曠闊無人，便將辱罵賈雨村忘恩負義的忠僕包勇罰看荒園，地而不能盡其利，的確非常浪費可惜。

其實不論爲增進收益著想，或爲幫助管理著想，探春的這套管理方案都應恢復，而且還應該擴而充之，把烏進孝兄弟承租的莊地收回自營，一則可以安置多餘的奴僕，減少月米月錢的固定開支；一則可以開闢財源，有效掌握進項。不過爲鼓勵提高產量，增進收益，必須訂定一個適當的獎勵辦法，即李紈所說的「使之以權，動之以利。」使能達到兩府每年最少一萬兩銀子的收入目標。

四、改進管理：

王熙鳳受託協理寧國府家務時，曾對寧國府作了一次診斷，發現有以下諸問題：

「頭一件是人口混雜，遺失東西；二件，事無專管，臨期推諉；三件，需用過費，濫支冒領；四件，任無大小，苦樂不均；五件，家人豪縱，有臉者不服鈐束，無臉者不能上進。」（第十三回）

於是對症下藥，立即予以整頓，首先是分班管事，職責分明；其次是精查細考，不容怠惰；再次是賞罰分明，樹立威信。寧國府經過她的整頓之後，果然立竿見影，馬上見效：

「眾人也都有了投奔，不似先前只揀便宜的做，剩下苦差，沒個招攬。各房中也不能趁亂迷失東西；便是人來客去，也都安靜了，不比先前紊亂無頭緒。一切偷安竊取等弊，一概都蠲了。」（第十四回）

其實寧國府的這些問題，何嘗不是榮國府的問題？只是身為榮國府當家人的王熙鳳，對榮國府的種種弊端，可能是「當局者迷」，以致視而不見。

筆者認為要使榮寧兩府起死回生，改進管理，建立制度，不使管事人有機會營私舞弊，確是非常重要的。而要達到此一目的，顯然還需要借助探春的才幹。王熙鳳養病期間，探春曾經代理其職務，表現可圈可點。王熙鳳復職之後，如能在探春遠嫁之前，繼續商請探春協同辦事，則探春興利除弊的政策既可以貫徹下去，榮府便不致如後來之日暮途窮。而且能增加這麼一位臂助，就王熙鳳而言，也是非常樂見的。王熙鳳曾對平兒說：

「如今他（探春）既有這主意（除弊），正該和他協同，大家做個臂膀，我也不孤不獨了。」（第五十五回）

後話

「紅樓夢」是我國最偉大的四部小說之一，所寫人物多達四百四十八人，個性、風韻，無一雷同。由於作者體驗之深，刻劃之微，加上豐富的想像力，使這部小說，表現了許多在其以前的小說所未能表現的特質，令人百讀不厭。

歷來研究「紅樓夢」的人多如牛毛，有研究作者背景的；有研究紅樓夢的詩詞和俚語的；有研究紅樓夢的建築和造景藝術的；有研究紅樓夢中的飲宴菜單的；甚至有從階級鬥爭的觀點研究紅樓夢的……筆者因在財經單位服務多年，乃從財務管理的角度來研究這本巨著，用以抛磚引玉，藉此提起財經界讀者重溫這本好書的雅興。

紅樓夢中兩個惡奴

紅樓夢中兩個最壞的奴才，其一就是葫蘆僧。這個葫蘆僧，曹雪芹沒有給他名姓，只知他原是姑蘇城葫蘆廟的一個小沙彌，因爲廟被火燒了，他趁著還年輕，又留起頭髮，做了應天府的「門子」。

葫蘆僧之所以認識賈雨村，是因賈雨村未得意時，寄居在葫蘆廟裡，賴賣文作字爲生，因此與這廟裡的小沙彌有這麼一段緣份。賈雨村後在甄士隱資助下中了進士，做了姑蘇縣令，可是不到一年，就因貪酷免職，但他陰錯陽差又攀上了王子騰、賈政的關係，復被起用授了應天府之職，而成了葫蘆僧的主子。

賈雨村一到任，就碰到了一件人命官司，他聽了原告之訴，非常震怒，立刻便要發籤將逃走無踪的兇犯薛蟠主僕拿來拷問，只見案旁站著一個門子(葫蘆僧)，使眼色不叫發籤。雨村心下狐疑，只得停下手，退堂至密室，令從人退去，只留下這門子一人服侍。門子交代了葫蘆廟的關係後，雨村笑道：「原來還是故人。」係賞他坐了說話。

「雨村道：『方纔何故不令發籤？』門子道：『老爺榮任到此，難道就沒抄一張本省的護官符來不成？』雨村忙問：『何爲護官符？』門子道：『如今凡作地方官的，都有一個私單，上面寫的是本省最有權勢極富貴的大鄉紳名姓，各省皆然；倘若不知，一時觸犯了這樣的人家，不但官爵，只怕連性命也難保呢。——所以叫做護官符。方纔所說的這薛家，老爺如何惹得他！他這件官司，並無難斷之處，從前的官府都因礙著情分臉面，所以如此。』一面說，一面從順袋中取出一張抄的護官符來，遞與雨村。看時，上面皆是本地大族名宦之家的俗諺口碑，云：

『賈不假，白玉爲堂金作馬。阿房宮，三百里，住不下金陵一個史。東海缺少白玉床，龍王來請金陵王。豐年好大雪，珍珠如土金如鐵。』

……門子道：『這四家皆連絡有親，一損俱損，一榮俱榮。今告打死人之薛，就是豐年大雪之薛。不單靠這三家，他的世交親友在都在外的本也不少，老爺如今拿誰去？』雨村聽說，便笑問門子道：『這樣說來，卻怎麼了結此案？』……門子笑道：『老爺當年何其明決！今日何反成個沒主意的人了？小的聽見老爺補陞此任係賈府、王府之力，此薛蟠即賈府之親。老爺何不順水行舟做個人情，將此案了結？日後也好去見賈、王二公。』……『小人已想了個很好的主意在此。老爺明日坐堂，只管虛張聲勢，動文書，發籤拿人。兇犯自然是拿不來的，原告固是不依，只用將薛家族人及奴僕人等拿幾個來拷問。小的在暗中調停，令他報個暴病死亡……薛家有的是錢，老爺斷一千也可，五百也可，與馮家作燒埋之費。那馮家也無甚要緊的人，不過爲的是錢，有了銀子也就無話了。』」（第四回）

結果雨村採了門子之計，一件人命官司，竟循情枉法，只令薛家貼補屈死的馮淵一些埋葬銀子予以了斷，事後還分別修書賈政、王子騰做順水人情。因爲是惡奴葫蘆僧出的餿主意，所以曹雪芹的帳是算在葫蘆僧身上，紅樓夢第四回子題就寫的是「葫蘆僧亂判葫蘆案」。

不過這個獻計的門子，因知道賈雨村貧賤日之事，賈雨村懼其嘴巴不牢，終於找個藉口，充發到遠鄉僻壤的地方去了。筆者認爲賈雨村這一招處理得不錯，倒不是因爲這門子知道太多賈雨村貧賤日之事，就該充軍他鄉；而是這個惡奴歪點子太多，如將其留下，則兩人狼狽爲奸，貪贓枉法，又不知作出多少喪盡天良的壞事來。賈雨村經過這惡奴的一番開導，果然進步很多，賈政就曾笑對馮紫英說：「幾年間門子也會鑽了（指賈雨村），由知府推陞轉了御史，不過幾年，陞了吏部侍郎，兵部尚書。」（第九十二回）

紅樓夢中兩個最壞的奴才，其二就是李十兒。李十兒是賈政帶去江西糧道府的門子，其職位與葫蘆僧相當。賈政外放江西糧道，在一般人眼裡，這是一個肥缺，偏賈政是一個忠厚老實人，端方正直，上任之後，又一心要做好官，州縣饋送，一概不取，他與幕賓商議，對於過去外省州縣折糧米，勒索鄉愚等弊端，出示嚴禁，並諭以一經查出，必定詳參揭報。

他的門房簽押等人，眼見白花花的銀子，只是不能到手，心裡自是很嘔；而那些花了銀子走門路來的長隨，見來了一個多月，連半個錢也沒見過，想來跟這個主兒是不能撈本兒的，於是大夥兒告假，賈政也不留人，他說：「既嫌這裡不好，就都請便！」

剩下的就是些去不了的家人，惡奴李十兒就開始出點子唆使怠工。賈政「隔一天拜客，裡頭吩咐伺候，外頭答應了。停了一會子，打點已經三下了，大堂上沒有人接鼓；好容易叫個人來打了鼓。賈政踱出煖閣，站班喝道的衙役只有一個。賈政也不查問，在墀下上了轎，等轎夫；又等了好一回，來齊了，抬出衙門，那個炮只響得一聲。吹鼓亭的鼓手，只有一個打鼓，一個吹號筒。賈政便也生氣說：『往常還好，怎麼今兒不齊集至此！』抬頭看那執事，卻是攙前落後。」（第九十九回）

賈政拜客回來，便喚李十兒問：何以跟我來這些人，怎樣都變了？「李十兒說道：『那些書吏衙役都是花了錢買著糧道的衙門，那個不想發財，俱要養家活口，自從老爺到任，並沒見爲國家出力，倒先有了口碑載道。』賈政道：『民間有甚麼話？』李十兒道：『百姓說：凡有新到任的老爺，告示出的越利害，越是想錢的法兒，州縣害怕了，好多多的送銀子。收糧的時候，衙門裡便說，新道爺的法令，明是不敢要錢，這一留難叨蹬，那些鄉民心裡願意花幾個錢，早早了事，所以那些人不說老爺好，反說不諳民情。便是本家大人，是老爺最相好的；他不多幾年，已巴到極頂的分兒，也只爲識時達，能彀上和下睦罷了。』賈政聽到這話，說道：『胡說！我就不識時務麼？若是上和下睦，叫我與他們貓鼠同眠麼？』李十兒回說道：『奴才爲著這點心兒不敢掩住，纔這麼說。若是老爺就是這樣做去，到了功不成、名不就的時候，老爺說奴才沒有心，有什麼話，不告訴老爺。』賈政道：『依你怎麼做纔好？』李十兒道：『也沒有別的，趁著老爺的精神年紀，裡頭的照應，老太太的硬朗，爲顧著自己就是了。不然，到不了一年，老爺家裡的錢也都貼補完了，還落了自上至下的抱怨，都說老爺是做外任的，自然弄了錢藏著受用。倘遇一兩件爲難的事，誰肯幫著老爺？那時辯也辯不清，悔也悔不及！』賈政道：『據你一說，是叫我作貪官嗎？送了命還不要緊，必定將祖父的功勛抹了纔是？』李十兒回稟道：『老爺極聖明的人，沒看見舊年犯事的幾位老爺嗎？這幾位都與老爺相好，老爺常說是個做清官的，如今名在那裡？現有幾位親戚，老爺向來說他們不好的，如今陞的陞、遷的遷，只是要做的好就是了。老爺要知道：民也要顧，官也要顧。若是依著老爺，不准州縣得一個大錢，外頭這些差使誰辦？只要老爺外面還是這樣清名譽原好；裡頭的委屈，只要奴才辦去，關礙不著老爺的。奴才跟主兒一場，到底也要掏出良心來。』賈政被李十兒一番言語，說得心無主見，道：『我是要保性命的，你們鬧出來不與我相干！』（第九十九回）

賈政這句話等於是默許了。李十兒自此便自己作威作福，尤其在得知賈政的頂頭上司節度使，竟是賈政親家鎮海總制大人的親戚，更是有恃無恐，膽子也更壯了。於是鉤連內外，一氣哄著賈政辦事，賈政反覺得事事週到，件件隨心，所以不但不疑，反都相信。

結果李十兒發了，賈政則被參「失察屬員，重徵糧米，苛虐百姓」降調回來。賈政在被矇騙下，可說是糊裡糊塗丟官，而且一降就是三級，雖然顏面上不大好看，筆者認爲他能及早離開那個是非窩，未嘗不是賈政之福；如果繼續在江西糧道的位子上幹下去，以其忠厚老實，放任李十兒這種惡奴惡搞，還不知要爲他闖下多少禍來！

葫蘆僧、李十兒這兩個惡奴，一個教壞了賈雨村；一個幾乎讓賈政毀在他手裡，都是壞透了的奴才。不過壞雖壞，你不能不佩服他們的本事！以葫蘆僧來說，他不僅能弄到應天府的「護官符」，能瞭解薛蟠人命案的始末，而且對賈雨村免官、復官的經過，也打聽得一清二楚，這需要能耐；以李十兒來說，他能說得賈政心無主見，他能在那麼多書吏衙役中呼風喚雨，他能狐假虎威公然弄錢，這也是需要能耐。當然，他們都是小人，但小人也有小人的聰明處，歷代多少英明主子，不也是常被小人利用、掌控？

蘇秦之嫂

蘇秦之嫂，野史上不見其名，正史上沒有她的地位，就這樣一個卑不足道的角色，偏因爲太史公信筆所至，在蘇秦列傳裏「譜」了一段「前倨後恭」的插曲，於是後世對她，也就不陌生了。現在，我們只要一提到「前倨後恭」，大家很自然地就會聯想到蘇秦之嫂現實的面孔，只要一提到蘇秦之嫂，大家也是不期而然地聯想到「前倨後恭」的醜態。至於故事是否真實？似乎從沒人有過研究和考證的雅興，自不用說爲她叫屈了。

太史公在那段插曲裏，其表現技術之高明，刻劃之生動，筆者認爲在其史記中除了鴻門宴、垓下刎以外，是無與倫比的。你看他透過記述和對話的方式，寥寥百十字，便將秦嫂當時的一副尷尬現實面孔躍然於紙上，真所謂呼之欲出，乍看之下，誰也不免要嗤之以鼻、唾之以沫，尤其當看到秦嫂「蛇行匍伏」，蘇秦問其「何前倨而後卑也」的時候，誰不是額手稱慶、連聲叫好？可是當你仔細研究以後，你可能會發現「盡信書不如無書」，實際上你是上了讀「史」的當了。拿筆者來說吧！初讀本篇時，何嘗不是嘆爲咄咄怪事，其鄙棄與感喟之情，尤如切膚之痛。而現在呢？不唯對這一段記述，是持之以懷疑態度；就是對這一個婦人，也是百分之百的同情。

筆者常常有一個想法，即認爲太史公的這段記述不近人情，未盡可靠。我們看史記：當蘇秦游說失敗後回到家裏，史記記述當時的情形是：「妻不下紝，嫂不爲炊，父母不與言」。及其得志後，路過洛陽故鄉，那情形就是一百八十度的轉變了：「父母聞之，清宮除道，張樂設飲，郊迎三十里，妻側目而視，傾耳而聽，嫂蛇行匍伏，四拜自跪而謝。」這一段記述，我們度之常情，能說這裏面沒有渲染和誇大嗎？我們知道，「親子之情」，這是人的天性（而且不止於人），尤其是母之於子。因之我們縱認爲「嫂不爲炊」的事有之，甚至「妻不下紝」的事也有之，至其「父母不與言」，這說法能說不過火嗎？不過這一點，「列國志」就給他否認了，列國志所載：「父母見其狼狽，辱罵之」，這一說倒有可能。我們再退一萬步說，即令全是事實，那麼其家人既盡皆如此冷漠，則蘇秦又何必獨偏責於其嫂呢？此其一。在這裏，或者有人要說：秦嫂之「蛇行匍伏」，較之秦母秦妻做得更過份。但筆者要特別提醒的，即秦嫂在她們中間，是唯一親屬中之「旁系」，當蘇秦儀仗旌旄，不可一世的時候，其「蛇行匍伏」，只是在這種情形下，人人皆有的一種自卑感的自然流露。我們祇看，親如其母妻，尚且側目而視，傾耳而聽，則秦嫂之「匍伏」，自不足爲怪了。

其次筆者認爲秦嫂（包含其家人）之「前倨」，又安知其不是故作「激將」，如同蘇秦之激張儀呢？如所週知，張儀如不因蘇秦的刺激，他何致於顯用於秦國？而蘇秦若無其家人的刺激，他也就不可能出掌六國的相印了。張儀先向蘇秦分餘羹不得，且受盡其侮辱，於是憤而說秦，終於如願以償。蘇秦亦然，在其第一次游說失敗後，因受其家人的白眼，於是痛下決心，「引錐自刺其股」，而奮發有爲，卒成其志。這情形不是很近似嗎？其蘇秦之所以對張儀，如沒有一個叫「畢成」的把謎底揭開，我想後世對蘇秦之誤會，決不會下於秦嫂的。因此筆者乃懷疑秦之家人是否亦有意「激將」？不然，何以當蘇秦狼狽而歸時，其家人竟會不約而同誠如蘇秦所感嘆的：「妻不以我爲夫，嫂不以我爲叔，母不以我爲子」，而置之不理呢？試想，其家人既對他一致封鎖，設非心有默契，設非骨子裏另有文章，何致無人性若斯？何致於舉家盡皆冷血？而且其家庭的權威者（當家人），無疑地是蘇秦的母親，秦嫂是一個死了丈夫的可憐蟲，如無秦母的示意，她何所恃而敢對蘇秦那麼倨傲呢？此其二。

再次，筆者認爲蘇秦之嫂，其本質上決不是一個現實勢利的品格。何以故？我們知道，春秋戰國時代的男女風氣之壞，歷朝是無出其右的，那時候，子通庶母，父奪子妻，甚且至親亂倫，在當時並不算稀奇的事，拿上層社會的王宮來說，齊襄公與其妹文姜的曖昧就是一例，其他可想而知。那麼，蘇秦之兄既已亡故，秦嫂是以寡婦之身守節其家，如秦嫂真是那麼極端現實勢利的品格，則她何不求諸「現實」改嫁以終，大可不必空闈獨守，而蹉跎歲月了（雖然秦兄死時，她已是半老了）。由此推想，筆者以為其婦人短見縱或有之，若如蘇秦列傳中之過份渲染，揆諸情理，似覺難以解釋！此其三。

除此以外，筆者還有兩點感想：

第一、我們縱承認秦嫂之勢利，確是事實，筆者認為其坦率處亦自可取：「以季子之位尊而多金」，這是如何率直而不存虛偽，雖然套一句現代的語氣來說，未免近乎「現實主義」，但其心與行一致，裏與外合一，這與某些人，表面上是一套，骨子裏又是一套，相形之下，豈不還稍勝一籌！

第二、筆者認為蘇秦也太不夠風度：魚飲冰水，冷暖自知，「嫂何前倨而後卑也？」這是明知而故問，一種盛氣凌人的姿態，令人作舌。不過秦嫂的修養還算不錯，總算「唾面自乾」，把這口氣嚥下去了（筆者推想當晚她一定是痛哭竟宵），而且從容應答，這一點是筆者最同情於她的，也是最不諒解於蘇秦的。

總之，筆者認爲這問題是一個謎，這事實或不是事實，至於太史公司馬遷，是不是也會有意加上這一點來諷世譏俗？或者興之所致，加這一段插曲來點綴一番？那就有待於高明的證實了。

美人夏姬

吃今人飯，爲古人叫屈，我也不懂得我的這種心理之由來。在歷史上，我是一直爲夏姬的未列入四大美人之林而抱不平的。我國古代的所謂四大美人，衆所週知的，是西施、飛燕、昭君和玉環。西施和玉環姑無論矣，一個是有名的病態美人，「西子捧心」，在當時傳爲佳話。一個拿今天的語氣來說，是屬於「肉彈型」的，我想楊玉環如非渾身性感，當亦引不起唐明皇的胃口。

至於王昭君和趙飛燕呢？元帝見昭君，雖也爲之動容，但仍然是送給匈奴，顯見昭君固美，還未能美到使元帝「不愛江山愛美人」的程度。飛燕據說也很嬌艷，但其不得成帝的專寵，不能壓倒群芳於宮中，則其也絕非獨一無二可知。所以我以爲拿夏姬與之相比，當亦不至於比她倆遜色的。

那麼夏姬究竟美到什麼程度呢？我們可以引證陳靈公和楚莊王的話。靈公對夏姬說：「寡人得交愛卿，回視六宮，有如糞土。」而莊王欲收夏姬被勸阻後亦說：「只是此婦人世間尤物，若再經寡人一眼，必不能自制。」如果還有人認爲前者是曲意奉承，則後者我們能說不出於衷？從這兩人的評語看來，不僅是王昭君、趙飛燕要瞠乎其後，說得過份一點，就是那使得「六宮無顏色」的楊玉環，也難望其項背。因夏姬既能使「六宮如糞土」，則根據「如糞土」與「無顏色」的差別，其孰艷孰美，讀者自可依稀得之。如果有人仍認為靈公莊王之言均有誇大，下面我們無妨單就正史裏的一段記載作常理的分析。正史上這樣說：「徵舒的母親夏姬，有一天同靈公和兩位大夫在家裡喝酒，靈公指著徵舒對一位大夫說道：『徵舒像你。』那位大夫答道：『也像你』。酒後徵舒暗箭把靈公射死，陳國大亂。楚莊王率兵入陳定亂，俘了夏姬打算收在宮裏，申公巫臣把他勸阻了，有一位貴族子反想要她，巫臣又勸阻了，後夏姬落在連尹襄老之手，邲之戰，襄老戰死，他的兒子又和她有染。巫臣卻遣人和她通意，攜夏姬投奔晉國。子反失掉夏姬，遂盡殺巫臣的家族。」

從這段片斷的史實，我們可以獲得如下的結論：

第一、就夏姬當時的年齡說，她的兒子既不堪靈公等對他和對他母親的侮辱，並能用箭射死侮辱他的人，則其已屆懂事之年自屬無疑（按列國誌載此時已十八歲）。由此推知，則那時的夏姬，當已是徐娘半老了，至少也是三十四、五以上的女人。

第二、就夏姬的美色來說，我們且撇開列國誌內對她的描述不談，單就實際情形來看，夏姬以其徐娘半老之姿，尚能「招蜂引蝶」爲眾人所爭奪，而爭奪者又皆爲當時位極人臣不乏美人的顯要，則夏姬非有絕色，曷克臻此。

第三、就夏姬的魅力來說，她既能使那麼人爲她喪命，爲她失國，爲她毀家，而且無怨無悔，自有其動人之處。尤其是申公巫臣，只因在陳國與夏姬有過一面之緣，就念念不忘，鼓勵楚莊王入陳定亂的是他，勸阻楚王及公子反想要收留夏姬的是他，而遣人和夏姬通意棄家攜其奔晉的是他，似這樣的一往情深，可見這女人的魅力。

據上以觀，則夏姬的艷麗，自是不爭的事實。夏姬既如此艷麗，爲什麼會被遺忘吧？這當然是文史家的疏漏。我們知道，西施等之所以膾炙人口，莫不是得力於文人的渲染和誇大，如「西施咏」之於西施，「昭君怨」之於昭君，「長恨歌」之於玉環，「飛燕外傳」之於飛燕，差不多各有專著，讀其文如觀其人。而夏姬則不論在正史野史裏都只是附帶一筆，輕描淡寫，其不爲人所注意勢所當然。然則文史家爲什麼獨薄於夏姬呢？若說夏姬沒有介紹的價值，則四大美人中，除西施昭君尚有一段可歌可泣的愛國史實值得表揚外，而飛燕的爭寵宮闈，玉環的幾幾乎釀成亡國之禍，文史家不也未曾疏漏麼（雖然是貶多於褒）！所以我認爲夏姬之被忽視，歸根究底，還是地位的問題。我們試看，四大美人中的飛燕、玉環、西施和昭君，幾都是皇后貴妃之尊，其爲人所矚目，自是意料中事。而夏姬呢？就地位來說，她只是一個司馬的未亡人。就品行來說，她在娘家就是一個不甘寂寞的小姑（與庶兄子蠻私通），嗣後則是一個不守本分的寡婦，前者不談，後者如靈公和靈公的兩位大夫（孔寧及儀行父），襄老和襄老的兒子，以及申公巫臣等，都曾和她有染，不清不白，不乾不淨，這身份自然爲文人所輕視了。所以我說，若以地位人品論美人，那也就罷了，若純以美色論美人，我當要爲夏姬提出抗議哩！

荒唐話文姜

歷史上傷風敗俗的事實很多，野史的流傳固然觸目皆是，即記之於正史的，也是俯拾即得、信手可拈，其中我個人獨對既姦庶母又奪子妻的衛宣公的印象最爲惡劣，除此，就無過於本文要談的齊之文姜了。我之恥於文姜，倒不僅僅是源於她亂倫於兄，因爲像這樣的事，老實說，在春秋戰國時代並不爲怪，也不足爲奇，即拿她的姐姐宣姜來說吧，她也是既淫於舅（公公）復妻於子的，這樣我們自不能獨苛求於文姜了。這麼說我恥她什麼呢？我恥的是當她的丈夫因揭穿她的醜事而被拉彜以後，她非但沒有悔恨之心，而且變本加厲，而且明目張膽，而且當其暮年的時候，還主動求姦於醫，天下竟有這樣不知羞恥的女人，怎不使你拍案驚奇！怎不使你嘆爲觀止！

關於文姜的故事，後世的人似乎不大注意，我相信在讀者中，當看了本文題目而不知文姜爲何許人的一定還大有人在，不過當時寫史的人卻是非常重視的，史記固不用講了，詩經南山四章就全是針對文姜的荒淫而發，爲了給讀者一個明確的概念，這裏我們且抄一段歷史：

「公元前七〇六年，鄭太子忽助齊抵禦北戎有功，齊侯欲以女文姜妻之，忽以『齊大非吾偶』的理由謝絕。原來文姜與其兄即日後的齊襄公有些曖昧關係，她終於嫁魯，一次魯桓公跟她回娘家，居然看破且說破了她們兄妹間的隱情，襄公惱羞成怒，便命公子彭生在車中把桓公拉斃，講究周禮的魯人，在齊國積威之下，只哀求襄公加罪名於彭生拿來殺了，聊以替遮羞。」

讀了這段歷史，不知讀者有什麼感想？關於故事中的三主角，詩經南山四章就已經夠挖苦了，我們且不去評他。不過對於故事中的事實，我個人獨對鄭太子的拒婚不解，換句話說，筆者認爲「齊大非偶」的理由不太可靠。即拿今天來說，走內線、拉裙帶關係的，大不乏人，那麼以鄭忽當時的處境，誠如大夫祭足所說的：「其兄弟輩皆有覬覦之志，世子若結婚大國，猶可藉其助援，齊不議婚，猶當請之，奈何自剪羽翼耶！」可見他當時實在有高攀大國的必要，因此「齊大非偶」，至多是一個託詞。至於他爲什麼放棄現成的裙帶關係不拉呢？是文姜不美嗎？她不止有貌，而且有才。我們拋開史籍上對她的描述不談，只藉用齊僖公的一句話就可見其輪廓了。齊僖公幾次欲以女妻鄭太子忽不成，他氣極而說：「吾有女如斯，何患無夫！」從這句話裏，我們就不難窺見文姜的影子。而事實上她如是一個尋尋常的姿色，其兄諸兒也不致不顧倫理而對她鍥而不捨了。然則是先已風聞到文姜的醜事嗎？這一點也不可能，我們知道，鄭國距離齊國，並不比齊國距離魯國近，如果鄭太子能知道，則魯桓公何致於聾瞶寡聞而主動求婚於一個不乾不淨的女人？再說如鄭太子果真事先知道的話，則其於稟告其父的時候，不可能不提及，如此則史記裏不能沒有一點交代，列國志裏更不可能沒有一點線索。從以上的分析，可見鄭太子忽之拒婚，實在是一個謎，這謎底，怕只有其本人才能解答。

其次，筆者認為魯國君臣也太迂，當魯侯桓公暴斃的內情傳到魯國後，桓公的庶長子慶父就請兵伐齊，當時偏有一些迂夫子輩如施伯等，認為「曖昧之事，不可聞於鄰國」，主張息事寧人，加罪名於兇手聊以遮羞。我不知這般人是什麼思想？其所謂遮羞，究竟是替誰遮羞？給齊遮羞嗎？沒有必要。給自己遮羞嗎？明明是羞在齊國。他們既不知道運用這一醜事擴大宣傳，來打擊齊襄公的威信；又不知道聯絡盟邦理直氣壯雪恥伐齊，而後來還一任文姜不時到齊魯的邊界與她的哥哥去幽會。這種「忍辱」的精神可佩！這種只求虛譽不求實際的做法殊不足取！

至於呂祖謙於「東萊博議」鄭忽辭婚一篇中所說「使忽不辭，則彭生之禍，不在魯而在鄭矣，豈有禍魯而福鄭者哉？」筆者不同意這一說法；我認爲文姜如不遭鄭太子拒婚的話，以後她們兄妹亂倫的事件不致發生也說不定。因爲據稗史所說：「二人在一起，動手動腳，無所不至，只因礙著左右宮人，單少沒有『勾衿貼肉』。」可見文姜在未嫁前雖與其兄有點不三不四，但其成禽獸之行，還是當她偕魯桓公歸寧的時候。如果所說屬實，那麼我們再表一表往事，我們知道，當文姜獲知其父僖公爲其媒於鄭太子忽的時候，她喜不自勝，及聞謀婚不成，她並且還爲此害了一場病，可見她芳心裏早因其父的影響而屬意於鄭忽。因此筆者乃認爲以文姜淫蕩的本性，如能妻於年青英俊一表人才如鄭太子忽，或許可使她安靜下來；結果她不幸妻魯，以魯桓公的年歲與迂腐，其不能滿足於文姜可知，經過長期的隱忍，且她與襄公又有過過去的一段關係，這樣兄妹相見，自然舊情復熾，乾材烈火，也就顧不得倫理道德，而要冷落魯桓公於宮外了。

走筆至此，我想附帶談一談「世風日下，人心不古」的兩句話，這兩句話不知自何人始，現在幾幾乎是隨時可見，也隨時可聞，即令是一個毫無歷史知識的人，他也會人云亦云搬出這麼兩句，怎不令識者啼笑皆非！世風是真的日下了嗎？筆者期期以爲不然；我認爲世風不唯沒有日下，而且是絕對好於過去的，人心幸虧不古，要古豈不完蛋！這並非筆者有意在標新立異，或者存心厚誣古人，讀者只要看一看以上上層社會荒唐的事實，則當時一般的情形就不難推想了。

至於今人何以致有這種世紀末日的感覺呢？我想大致源於交通的進步和電視報紙的普遍，從前交通不便，電視報紙沒有，因而雖有悖理背倫的事實，可是大家耳少聞目少見；現在則不然了，雞毛蒜皮的事，瞬間就不脛而走轟動遐邇，這樣大家在感官上既可隨時接觸到一些荒謬的事件，那麼在心理上很自然地就會覺得今不如昔了。

為喬太守抱屈

「喬太守亂點鴛鴦譜」是「醒世恒言」及「今古奇觀」裡面的一個故事，現在有很多人未曾看過故事的內容，只因爲這個標題的影響，先入爲主，總認爲喬太守是個糊塗太守——亂點鴛鴦。其實大謬不然，喬太守不但不是亂點鴛鴦，而且對本案處理得可圈可點，無懈可擊。

我們且看故事的內容：故事中劉秉義有一子一女，兒子劉璞聘孫寡婦之女珠姨爲婦，女兒慧娘則許給斐九之子斐政。先前斐家要娶時，劉家一來以女兒尙幼，二來欲先辦兒子婚事，故此未允。不料兒子臨婚時忽患重病，劉家更是急欲把媳婦娶回沖喜。孫家得知後，怕誤了女兒，要劉家另擇吉日，惟對方執意不從，孫寡婦無奈，只得將兒子玉郎弟代姐嫁，囑三天後回門時再將姐姐換去。婚禮當天，劉璞因病重不能圓房，劉媽媽不忍初到的媳婦獨宿，於是叫女兒慧娘陪伴嫂嫂，這樣孤男寡女共睡一床，自然不該發生的事就發生了。

後來斐九、劉秉義都去太守衙門上告，前者告劉秉義養女不教，做出醜事；後者告孫寡婦不該讓兒子冒充姐姐，破壞她女兒名節。喬太守問明情由，再傳來孫家姐弟、劉家兄妹、斐家兒子、徐家女兒一看，三對男女，都一般俊秀，且生米已成熟飯的玉郎與慧娘各已訂親，又均未過門，心中便有成全之意。於是對斐九說：「慧娘本該斷歸你家，但已失身玉郎，節行已虧，你若娶回去，反傷門風，被人恥笑；她又蒙二夫之名，各不相安。惟玉郎原有妻（徐雅之女）未娶，如今他既得了你媳婦，我將他妻子斷償你兒子，消你之忿如何？」斐九自然同意：「老爺明斷，小人何敢違逆！」這件案子就這樣歡喜收場。

喬太守這樣的判決，可說是既合情又合理。玉郎、慧娘生米既成熟飯，如硬將慧娘斷歸斐家，則必然是人命一條（在連鎖效應下，可能尙不止一條），因爲慧娘已向太守清楚表示：「若老爺必欲判離，賤妾即當自盡，決無顏苟活，貽笑他人。」如將慧娘斷歸玉郎，小倆口自然歡喜，但斐九必然不服，他已向太守陳明心跡：「玉郎破壞我家婚姻，今反歸了，豈不周全了姦夫淫婦，小人怎得甘心？」現在喬太守將斐九之子斐政的未婚妻慧娘斷歸玉郎，而將玉郎的未婚妻（徐雅之女）斷歸斐政，換句話說，就是玉郎的未婚妻斷歸慧娘的未婚夫，大家扯平，互不虧欠，正是「奪人婦，人亦奪其婦。」請問還有比這樣的判決更理想的麼？無怪乎當事人聽判之後，「眾人無不心服，個個叩頭稱謝。」而整個杭州府，也是「人人稱德，個個稱賢。」有這樣的結果，能說是「亂點鴛鴦」？

故事結尾，還有一詩頌讚喬太守：「鴛鴦錯配本前緣，全賴風流太守賢；錦被一床遮盡醜，喬公不枉叫青天。」可見喬太守處理本案，的確情理兼顧，完美無瑕，這「青天」之頌，並非浪得虛名。只因「醒世恒言」及「今古奇觀」兩書中「喬太守亂點鴛鴦譜」這個標題不當，以致喬太守受了幾近三百八十年的委屈。爲不使喬太守繼續受屈，筆者認爲這個標題中的「亂」字應更正爲「妙」字，即改爲「喬太守妙點鴛鴦譜」，這樣不論你有沒有看過故事的內容，喬太守都不會被誤會了。

此外，筆者認爲喬太守爲本案所寫的判決文，也是文情並茂，妙趣橫生，奇文值得共賞，茲抄錄如次：

「弟代姊嫁，姑伴嫂眠，愛子愛女，情在理中；一雌一雄，變出意外。移乾柴近烈火，無怪其燃；以美玉配明珠，適逢其偶。孫氏子因姊而得婦，摟處子不用踰牆；劉氏女因嫂而得夫，懷吉士初非衒玉。相悅為婚，禮以義起。所厚者薄，事可權宜。令徐雅便婿斐九之兒，許斐政改娶孫郎之配。奪人婦，人亦奪其婦，兩家恩怨，總息風波；獨樂樂，不若與人樂，三對夫妻，各諧魚水。人雖互換，十六兩原是一斤；親是交門，五百年決非錯配。以愛及愛，伊父母自作冰人；非親是親，我官府權為月老。已經明斷，各赴良期。」

看了以上的判決文，讀者有機會再看看今天我們各級法院的判決書，你一定會覺得在文字水準上，今不如昔多矣！

我看朱買臣

歷代太守多如牛毛，而能名留千古的太守屈指可數，朱買臣則是其中之一。這位會稽太守之能留名，非關政績，非關才幹，完全是因爲「馬前潑水」（或稱覆水難收）這個故事。

「馬前潑水」見於漢書及元雜劇，有些成語辭典裡也有，故事的主角朱買臣家貧居賤，賴砍材爲生，性好讀書，手不釋卷，蹉跎到四十多歲仍一無所成，只有一妻不能贍養，經常有了朝餐，沒有晚餐，妻崔氏難忍饑餓，遂向買臣求去，買臣勸之無效，只好寫了休書分手。又過數年，買臣五十歲時，得邑人莊助之助，荐予漢武帝，武帝召見後，拜爲中大夫，繼取代莊助爲會稽太守。赴任之日，吏民夾道歡迎，買臣見前妻復來相認，命於馬前潑水於地，如覆水能收，方可重合。妻乃自盡而亡，買臣葬之，題其墓曰「羞墓」。

讀了這段故事，世人無不對買臣之妻投以不屑，買臣貧賤時，她要離；買臣富貴時，她要合，好像現實到極點。不過筆者對這故事的真實性是始終持懷疑態度的。我們知道，朱買臣五十歲時才得志，崔氏當時的年齡，應也是五十上下，這樣一個黃臉婆，在買臣春風得意、衣錦榮歸之時，就是不曾離婚，還擔心對方秋扇見捐（崔氏無子，合乎七出之條）；況既已離婚，怎麼可能復合？明知不可能之事，崔氏雖是婦道人家，豈有看不清楚之理？如果她清楚不可能，會自取其辱嗎？而且即使這故事爲真，筆者認爲買臣的做法也未免太過。茲舉例如次：

一、**刻薄寡恩**：朱買臣之妻崔氏，是在買臣四十五歲左右離婚的，換句話說，在有一餐沒一餐的情形下，她跟朱買臣吃了二十多年甚至三十年的苦。一夜夫妻百日恩，買臣得意之後，縱使不念舊情，不答允崔氏復合的要求，也該酌贈銀子予以打發，表現一點風度，沒有必要刻意羞辱。而買臣竟要崔氏執水盆傾於馬前，如收得起來，便收她爲妻。此舉很顯然地，他是在羞辱前妻。這種做法，能說不刻薄寡恩？

二、**不夠厚道**：崔氏經買臣如此羞辱，立即撞死馬前，正是「我雖不殺伯仁，伯仁因我而死。」可是我們這位太守大人朱買臣先生，竟無絲毫歉意，他雖然將崔氏埋於池邊，卻題其墳曰「羞墓」，還寫了一首詩：「青草池邊一墳坵，千年埋骨不埋羞；叮嚀寄語人間婦，自古糟糠要到頭。」繼續予以羞辱。以前伍子胥爲報父兄之冤殺，掘楚平王墓鞭屍三百，辱及朽骨，人尚評其太過；茲買臣與妻崔氏，並無子胥與楚平王之深仇大恨，只因難忍饑餓而走上離婚之途，死後繼續羞辱，豈不過份？買臣將「羞墓」墓碑立於崔氏墓旁，就像跪在岳王墓前的秦檜塑像，對崔氏、對秦檜，自是永遠的羞辱。秦檜固是罪有應得，崔氏需要如此嗎？可見這朱買臣實在不夠厚道。

此外，買臣對其恩人莊助也不夠義氣，朱買臣之能發達，是得莊助之助，而後來竟取代莊助為會稽太守，莊助則從此賦閒。雖然其太守職為皇帝所派，如買臣不是忘恩之人，應可向皇帝直陳：「莊太守為臣之恩人，臣因莊太守得以効忠陛下，基於做人道理，除非其另有高就，臣實不宜取代其職位，還請陛下鑒察。」如此陳詞，相信漢武帝非但不會怪罪，可能因其重義而更加器重。而買臣竟枉顧做人的道理，捨此不為，甚至迫不及待的赴任，以衣錦榮歸的姿態炫耀鄉里。因此筆者認為這個故事，該指責的不應是朱買臣之妻崔氏，而應是朱買臣；朱買臣對妻子無情，對朋友無義，刻薄寡恩，這樣的人，還不該唾棄麼？

呂不韋暗送呂家兒之謎

在我國歷史上，比較傑出的商人中，無疑地，呂不韋應該是坐第一把交椅了，雖然前於彼者，有鄭弦高的「矯命犒秦師」，一時傳為佳話；有陶朱公（范蠡）「三聚三散」的故事，至今仍膾炙人口，而且其結局既不若范蠡之逍遙自得，「載西施遊五湖」；也不若弦高之功成名就，「棄賞而成其忠」，而到頭來落得個「飲酖而死」。但平心而論，後世對他的印象之深刻，是不在范蠡之下的，弦高固不遑論。

記得年輕的時候，老師為我們講呂不韋列傳，小心眼裡對呂不韋「賭千百倍之利」的遠識，就佩服得五體投地，特別是對他與其父的一段「生意眼」的對話，以及「移花接木，暗送呂家兒」這一段趣事，真個是記得滾瓜爛熟。那時候小孩子們互相開胃，還不時借用呂不韋的大名來討點便宜，儼然秦始皇真是呂不韋的私仔。待後來年紀漸長，我對「暗送呂家兒」這個故事，由好奇而研究，由研究而迷惑，由迷惑而產生了一連串的問號，馴致懷疑到這一故事的真實性。

首先我懷疑呂不韋會不會這樣做？據史籍所載，趙姬是於懷孕兩月後送給莊襄的，而且呂不韋在選娶趙姬之初，即蓄意移花接木陰取嬴氏的天下，如果此兩說皆不錯，則裡面不無矛盾！我們試想，呂不韋既是有心人，則他何不於春風幾度後，就及時獻給莊襄，而何以要等到趙姬孕足兩月以後？如說是爲了審慎計，那麼呂不韋豈不知道；與其讓後來莊襄發生疑問，毋寧賭其萬一！再說，「暗送呂家兒」這種伎倆，嚴格說來，它比之串通內侍「掉包」更爲拙劣，是更爲幼稚而可笑的。「掉包」只要把內侍的嘴堵住就可以了，而「暗送」這玩意兒，則除非孩子能在肚裡生長十一個月以上，否則在時間上如何交代？聰明如呂不韋，當不會智不及此，既不會智不及此，他會這樣做嗎？

其次我懷疑秦始皇在胎的時間，何以會如此湊巧天衣無縫？據史籍記載，秦始皇在胎的時間，總計是十二月。易言之，除去呂家的兩月不算，剛好是十月臨盆。如果不是文人的渲染，讀者試想：天下會有這樣的奇事？

再次我懷疑樊如期何以知道這個秘密？照理：莊襄王娶得趙姬歸後，既剛好是十月臨盆，天衣無縫，那麼秦始皇與呂家果真有關係的話，應該是除了呂不韋和趙姬外，不會有第三者知道，而後來樊如期的檄文裡面竟予公開指責，試問洩漏這秘密的除了呂不韋本人外還有誰？

根據這一連串的疑問，我的結論是：「暗送呂家兒」這個故事，要不過是呂不韋的一個詭謀，未必真有其事。以下我再舉出兩個破綻：

第一、呂不韋千方百計，藉探莊襄病的理由，設法與趙姬暗通款曲加以挑逗，這一點就令人費解？如說他果真是「寡人有疾」，那麼以其相國之尊，找幾個年輕貌美的女子，豈不是太易了，偏他竟甘冒人言，甚且拼著腦袋去死纏一個已是半老徐娘的趙姬，他的居心安在？這是破綻之一。

第二、呂不韋之有意洩漏這個秘密，爲什麼？這一點也頗値得玩味。照理，秦始皇如果真是呂家血統，則呂氏既已陰取嬴氏天下而代之，目的已達，就大可不必再提此事以遭人忌，而呂不韋竟冒此大忌，他是不是別有用心？這是破綻之二。

對於這兩個問題，我的看法：前者的誘使趙姬上鉤，在呂不韋是醉翁之意不在酒，他只是希望獲得趙姬的諒解，而爲其如意算盤鋪路。後者有意洩「秘」，那是他前者苦心經營的結果。換句話說，這所謂「秘密」，只是他透過趙姬的默契而捏造的。他爲什麼要捏造這個故事呢？其目的當是希望始皇不察，公然認賊作父，變幻想爲事實，那麼淫人妻滅人祀奪人天下的大陰謀，豈不是一舉而得？這是他的如意算盤，也是他真正用心。及其見始皇反應不佳，情知不妙，於是乃避開趙姬，薦嫪毒以自代，這也是他的聰明處。他這個如意算盤雖然沒有成功，但畢竟挽救了他的性命；到後來嫪毒事洩，秦始皇對其同母弟尚且不赦，而竟饒恕了呂不韋，名義上是念其扶立先王有功社稷，至於骨子裡是不是有感於「生父」之情，那就不是外人更不是我們幾千年後的讀史者所能知道的了。

至於史家爲什麼竟會以訛傳訛，記下這麼一個不實的記錄呢？我想這與始皇的暴政不無關聯；秦始皇的焚書坑儒，讀書人無不恨之入骨，於是誰也不願爲他翻案，樂得將錯就錯，給秦始皇安上個「雜種」。要不也就是同樣地被這個揑造的故事搞昏了頭了。

總之，對於「暗送呂家兒」這一故事，筆者認爲是不足取信的，而且認爲這個故事，對於呂不韋的聰明，簡直是一大諷刺。本來我個人對於呂不韋其人，雖然不恥於他的品格，但對於他的才具眼光，我還是相當欣賞的。譬如說識莊襄於落魄之中，就足見此人之獨具慧眼；破家捐資，賭其「千百倍之利」，這說明他的遠識；而後來說楚（莊襄）、說華陽、說陽泉（秦王后弟）、乃至說趙，且皆無往不利，這證明了他的辯才；至於致客養士，成「呂氏春秋」的巨獻，則其抱負之偉大，亦可見了。故綜其一生，所作所爲，都還差強人意，發揮了他的聰明。而唯一的憾事，也許是老來糊塗，居然散佈這麼一個「暗送呂家兒」的謠謠言，結果弄巧成拙，羊肉沒吃惹一身腥；樊如期之反，此其一也，而平白地爲自己本不大清白的人格，更加上污點，此其二也，及至後來的「罷相」「飲酖」，無不是導源於這一念之差。聰明反被聰明誤，怎不令人同聲一嘆！

呂不韋的投資抉策

呂不韋是一個奇人，他的破家捐資「賭千百倍之利」的投資計畫，筆者在「呂不韋暗送呂家兒之謎」一文中就備致推崇，惟因投資計畫並非該文的主旨，故僅約略提及，茲筆者由新聞文化改行從事財務工作，一瞬已近二十年，爰以「在商言商」的立場，再來談談他的投資計畫。

眾所週知，呂不韋是戰國末期的一個大商人，「戰國策」說他是濮陽人，濮陽是衛國的首都，「史記」又說他是陽翟人，陽翟則是韓國的首都。濮陽與陽翟，相距雖不算遠，卻是兩個不同國家的首府，可見以上兩部史書的記載，顯然有一部是錯誤的。不過呂不韋是一位河南老鄉，則是可以肯定的；因為不論是濮陽或陽翟，都屬今天的河南省，前者就是濮陽縣，後者因曾是夏禹封地，現改為禹縣。這位豫籍大商人，平日往來各國，販賤賣貴，積了千萬的財富，有了資本，碰到適當的投資機會，自然就躍躍欲試了。

呂不韋之有這個投資計畫是非常偶然的，當他在趙國的都城邯鄲經商的時候，有一次在路上看到了子楚，見其「在落寞之中，不失貴介之氣」，就暗暗稱奇。一經打聽，知道是爲質於趙的秦王孫，不禁興奮地說：「此奇貨可居也！」於是就有了投資的想法，及至他歸家跟他父親談過之後，他的投資意願就更爲堅定了。

他的這一投資計畫的具體內容，簡單的說：就是運用他的資金爲子楚遊說，設法立其爲適嗣，進而爲王。但他絕不是盲目的投資，他在決定投資之前，也曾經過審愼的研究、審愼的考慮。

首先是投資前途的考慮：根據呂不韋所作的「市場分析」，秦太子安國君，雖有二十多個兒子（包括子楚），但是並無專寵。目前他最寵幸的是華陽夫人，而華陽夫人卻無所出。子楚是夏姬所生，但是他的母親早逝（按史記僅謂夏姬無寵，早逝是據戰國策及東周列國誌，似以後者爲可信，如子楚有母，則可行性就要大打折扣了）。如果能說服華陽夫人收子楚爲子，並運用她在太子面前的影響力，立子楚爲適嗣，其可行性是很高的。

其次是投資報酬的考慮：呂不韋回到家裏問他的父親說：「耕田之利幾倍？」父曰：「十倍。」又問：「販賣珠玉之利幾倍？」父曰：「百倍。」又問：「若扶立一人爲王，掌握山河，其利幾倍？」父笑曰：「安得王而立之？其利千萬倍，不可計矣。」（見東周列國誌。按史記並無此段對話，戰國策雖有，惟文字不及列國誌通俗，故未引用）顯然地，其投資報酬率也是很高的。

再次是投資財源和投資風險的考慮：企業投資的財源，一般說來，不外三種情形：一種是全部運用自有資金，一種是全部仰賴借入資金，另一種是部份用自有資金、部份用借入資金。呂不韋的投資，是第一種情形，所以是最爲穩健的。可是因爲他是破家捐資，將資金全部投入一個計畫，近乎孤注一擲，犯了企業投資不宜過分集中的大忌，故其投資的風險是很大的，成功了，固可獲千百倍之利；失敗了，一定是血本無歸，全軍盡墨。

最後是投資收回年限的考慮：企業的投資，如果是長期性戰略性的，在早期若干年中，一定是只有投入，沒有產出，其收回年限是相當慢的；可是一旦有了產出後，其收回又必然是相當快速的。呂不韋投資的對象是秦國的第三代，很明顯地，他是長期性戰略性的投資（一般人認爲其爲政治投資，筆者卻不作如是想，因爲政治投資的目的在獲得政治的利益如權位等，而呂不韋投資的出發點在利，即千百倍之利，他視子楚爲商品，即所謂「奇貨」，故其投資應是經濟而非政治的，政治利益不過是副產品），如果他們第一代和第二代的平均壽年是七十歲的話，子楚繼位需要三十年（按投資開始時，昭襄王已近六十），如果平均壽年爲六十歲的話，則可提早十年，可知其收回年限，最早爲二十年，慢則需三十年，或者更長。

呂不韋經過審慎的分析以後，雖覺得風險率甚高，投資收回的年限甚長，但因爲投資報酬率超過正常的報酬率千百倍，這正是「獲利能力愈高，其風險性愈大」的必然結果，爲了爭取未來更大的利益，故決定一試。他決定投資以後，有沒有明確地訂出一張進度表，不得而知，不過從他按步就班進行的步驟來看，他好像是非常有計畫的。其進度大致如下：

第一步是活動趙國大夫公孫乾，進而接近子楚。

第二步是賄賂華陽夫人之姐，進而說服華陽夫人。

第三步是說服秦王后之弟陽泉君，進而說服王后。

第四步是賄賂趙南門守將（或說服趙王），放子楚歸國。

這裏必須說明的是進度的第四步，筆者在賄賂趙南門守將之後，加了「或說服趙王」的文字，恐怕會令讀者懷疑，即子楚歸國，究竟是透過賄賂或透過說服？也就是說究竟是賄賂南門守將逃出或說服趙王放人？賄賂是史記和東周列國誌所載，說服則是戰國策所記，各有所本。戰國策是記言的，當然強調說服；史記是記事的，似應著重史實，兩者之中，筆者認爲賄賂較爲可信，即以賄賂趙南門守將逃出的成份居多。理由是那時候秦國大將王齕已兵臨城下，趙國都城邯鄲正被圍困之中，在這種情形下　如果留住子楚，則秦國攻城多少有點顧忌；如果放子楚歸國，豈不等於告訴秦國可以放心攻趙了，趙王再傻，當亦不會如此做的。以上所以不憚詞費予以說明，主要是賄賂或說服，關係資金投入的數額，如爲賄賂，則投入就多了黃金六百金，如係說服，則這六百金的投入自然就可以省了。

呂不韋投資計畫，總共投入了多少資金呢？書中有數字記載的，其現金支出大概爲一千七百金，其中一百金係結交公孫乾，五百金付子楚使之買囑左右結交賓客，五百金市買奇珍玩好獻華陽夫人，六百金賄南門守城將軍。現金收入則有六百五十金，包括太子囑轉子楚結客之費三百金，王后贈金二百金，華陽夫人贈金一百金，太子安國君賞賜五十金。收支相抵，淨投入黃金約一千五十金。

呂不韋投資計畫，除了投入黃金一千五十金的巨資之外，也投入了呂不韋全部的心力，他一心一意在設法說服他每一個要說服的對象，而且甚具成效，茲舉兩例，可概其餘。

第一、說華陽夫人（透過其姊轉述）：「不韋因問姊（華陽夫人之姊）曰：『夫人有子幾人？』（明知故問）姊曰：『無有。』不韋曰：『吾聞以色事人者，色衰而愛弛。今夫人事太子甚愛而無子，及此時宜擇諸子中賢孝者爲子，百歲之後，所立者爲王，終不失勢。不然，他日一旦色衰愛弛，悔無及矣！今異人（子楚）賢孝，又自附於夫人，自知中男（子楚爲安國君次子）不得立，夫人誠拔以爲適子，夫人不世世有寵於秦乎？』姊復述其言於華陽夫人。夫人曰：『客言是也。』」（見東周列國誌）

第二、說陽泉君：「不韋知王后之弟楊泉君方貴幸，復賄其門下，求見楊泉君。說曰：『君之罪至死，君知之乎？』楊泉君大驚曰：『吾何罪？』不韋曰：『君之門下，無不居高官，享厚祿，駿馬盈於外廐，美女充於後庭；而太子門下，無富貴得勢者。王之春秋高矣，一旦山凌崩，太子嗣位，其門下怨君必甚，君之危亡可待也！』楊泉君曰：『爲今之計當如何？』不韋曰：『鄙人有計，可以使君壽百歲，安於泰山，君欲聞否？』楊泉君跪請其說。不韋曰：『王年高矣，而子傒（太子）又無適男，今王孫異人賢孝聞於諸侯，而棄在於趙，日夜引領思歸，君誠請王后言於秦王，而歸異人，使太子立爲適子，是異人無國而有國，太子之夫人無子而有子，太子與王孫之德王后者，世世無窮，君之爵位可長保也。』楊泉君下拜曰：『謹謝教！』」（見東周列國誌）

由以上的例子，我們不難看出呂不韋能言善辯的口才，也不難看出他噓枯吹生的說服力。他巧發奇中的辯才，比之專靠三寸不爛之舌的說客如蘇秦、張儀、范睢、蔡澤之流，並不多讓，這自然也是他投資成功的關鍵。

呂不韋投資計畫，到第五年（昭襄王五十年）就初見效益，呂不韋被封爲客卿，食邑千戶。至第十一年（莊襄王元年）爲丞相，封文信侯，食河南雒陽十萬戶，則已達到投資報酬的顚峰了。可見呂不韋的這項投資抉策是正確的，他的魄力，他的眼光，都令人佩服。至於「世說新語」中司馬德操對呂不韋的看法：「雖有竊秦之爵，千駟之富，不足貴也。」（見世說新語言語第二）筆者認爲這種批評是懷有成見的。呂不韋是一個「陽翟大賈」，拿今天的語氣來說，他是一個企業家。企業家追求的就是利潤，追求的就是市場的佔有，他憑其銳利的眼光，十餘年的辛苦經營，而獲得丞相的地位，千匹馬的財富，這是正正當當的投資行爲，怎能謂爲「竊秦之爵」？怎能謂爲「不足貴也」呢？而且以子楚當時的環境，誠如呂不韋說的：「今子無母於中（母親早逝），外託於不可知之國（爲質於趙），一日倍（同背）約，身爲糞土。」如無呂不韋的經營，他能不被趙國殺掉就算很幸運了，還能夢想嗣位麼？我想司馬德操之有斯言，主要還是源於酸葡萄心理，因爲在那個時代，「萬般皆下品，惟有讀書高。」對商人是最看不起的，而呂不韋以商人而廁身相位，讀書人自然就不是味道道了。

當然，呂不韋這項投資，也並非全無議論之處，因爲他投資的對象是秦國的王孫，投資收回的年限原本是相當漫長的，他投資的第十年，子楚的祖父昭襄王才得病而薨，活了七十歲，太子安國君繼位，是爲孝文王，如果孝文王也像昭襄王一樣，活到七十歲才死，或者比他的父王更長壽，「人生七十方開始」，那麼收回的年限就長了。不幸孝文王除喪之三日，大宴群臣，席散回宮就死了，傳說是呂不韋希望子楚速立爲王，賄使左右下毒。如果呂不韋果真是爲了加速投資收回而出此下策，那自然是相當卑劣的，這不惟司馬德操要瞧不起，恐怕任何人都會不齒的。

不過筆者總有點不解，呂不韋既能毒斃孝文王，爲何不毒斃昭襄王，而要讓他活到七十歲呢？如說毒斃昭襄王沒有機會，則孝文王繼位也不過數十天之事，這麼短的時間就能與內侍建立關係麼？故筆者認爲，呂不韋毒斃孝文王固有可能；但由於孝文王本身疏忽致死，也不能完全排除。我們知道，昭襄王活到七十歲的時候，孝文王大概也是五十歲左右了，在養尊處優的環境裏，這種年齡是最易罹患高血壓和心臟病的。在熬了漫長的五十年後繼立爲王，大宴群臣時，一時興奮，很可能多喝了幾杯，於是導致腦溢血或心臟病發，因而送了寶貴的性命，這種情形也不是不可能的。自然，這祗是筆者「想當然耳」，事實真相如何？恐怕也像秦始皇的身世一樣，永遠是一個謎，除了當事人之外，他人尤其是幾千年後的讀史者，是不能置喙的。

傑出企業家—陶朱公

在我國歷史上傑出的商人中，眾所週知的，有「三聚三散」的陶朱公，有「賭千百倍之利」的呂不韋，有「矯命犒秦師」的鄭弦高，不過三者之中，我認爲陶朱公是最令人佩服的。

當然，如僅以成就而言，呂不韋應坐第一把交椅，因爲他不論在政治上或經濟上的利益，似都在陶朱公之上，而且他留下「呂氏春秋」的巨著，在史記裏列有專章，也不是陶朱公所能及的；不過呂不韋人格上的瑕疵，以及「飲酖而死」的結局，此顯然又不及陶朱公。

至於鄭弦高，愛國熱忱固甚可佩，其使自己國家免於淪亡的機智亦甚可取，不過其在當時政治和經濟上的地位，顯然不及陶朱公遠甚。

陶朱公原名范蠡，戰國時代楚國人，他從政則爲傑出的政治家，爲越王勾踐的左右手，幫助勾踐奮發圖強，湔雪會稽之恥；他從商又是個傑出的企業家，十九年之中，曾三致千金，而且他不論從政從商，進退分際都拿捏得恰到好處。

陶朱公的經營理念，他自承是源自辛文子（號計然），他在幫越王勾踐洗刷了會稽之辱後說：「計然的策略有七項，越國只用了五項就能如願復仇。他的策略既能行之於國，亦必能行之於家。」於是他用了其中兩項，果然集聚了億萬的家產，成為一世之豪，並使他列名史記貨殖列傳之首，可見陶朱公接受了計然的經營理念後，對其事業經營的確非常有效。他的兩項經營理念是這樣的：

第一、加速財貨週轉：計然認為「財幣欲其行如流水。」也就是說：「希望錢財貨幣的流通，就像流水不斷一樣。」這與我們今天分析企業活動力的方法不謀而合，因為營運資金週轉率高，獲利率一定也高。范蠡為了加速財貨週轉，所以他選了山東省肥城縣西北「陶山」這個地方落腳，他以為「陶」居天下中央，與各諸侯國四通八達，是貨物的交易要地，財貨自然可以像流水一樣不斷的週轉，財貨週轉率高，鈔票也就滾滾而來。

第二、利用漲跌原理：計然認為「貴上極則反賤，賤下極則反貴。貴出如糞土，賤取如珠玉。」也就是說：「漲到極限就會下跌，跌到極限也會上漲。上漲到極限時，就要把屯積的貨物如低賤的糞土一般快速拋售出去；下跌到極限時，就要把下跌的貨物如寶貴的珠玉一樣快速的收購進來。」范蠡把握了這漲跌的原理，跌的時候屯積起來，漲的時候拋售出去，這樣低進高出，進出之間，所獲利潤自然是以「倍」計，而非逐什一之利的小商人可比了。不過這與一般屯積居奇不同，他是於貨物過多時（跌價時）收購進來，於貨物不足時（漲價時）拋售出去，對調節市場供需不無貢獻。嚴格說來，這和我們今天糧食局的功能，倒頗類似。

陶朱公之傑出，並不是因爲其能生財，而主要在其生財之後能夠疏財；也不是因爲其能建功，而主要在其功成之後能夠身退。他最爲後世所稱道的就是下列兩點：

第一、懂得回饋：陶朱公能三致千金，固然甚具眼光，而他於「三聚」之後，復能「三散」，尤其令人佩服。他能夠把辛辛苦苦積聚的財富，一次又一次的回饋地方，分給貧窮的民眾和親友，這是一般企業家所不容易做到的，也是陶朱公傑出和偉大之處。

第二、懂得進退：陶朱公以「大名之下，難以久居。」所以他在幫助越王成就霸業後，不以功臣自居，適時而退，連夜走齊。他留信給文種說：「子不記吳王之言乎？『狡兔死，走狗烹；敵國破，謀臣亡。』越王爲人，長頸鳥喙，忍辱妒功；可與共患難，不可與共安樂。子今不去，禍必不免！」而文種不信，終爲勾踐賜死。自裁前仰天嘆說：「吾不聽范少伯之言，乃爲越王所戮，豈非愚哉！」可見陶朱公由於懂得進退，非但免禍，且成其巨富，這也是陶朱公傑出和偉大之處。

從以上史實，我們可以說，放眼天下，放眼古今，企業家能獨具慧眼、有理想、有抱負如陶朱公者，確不多見。但願今天的企業家能急起直追，賺錢之外，也作些適當回饋，不讓陶朱公專美於前，不使陶朱公的傑出表現成爲絕響。

聰明自誤的楊修

一、楊修的身世

楊修系出名門，爲東漢名臣楊震的五代孫。楊震曾官至太尉，清廉自守，其卻暮夜之賄在當時傳爲美談。據說有人於夜間私造其邸向其行賄，謂夜間並無人知，楊震斥之說：「天知、地知、你知、我知，怎謂無知？」自此以後，楊家後代遂以「四知堂」爲堂號，今楊姓而以「四知堂」爲堂號者，多爲楊震之後。

楊家從楊震到楊修之父楊彪，四世三公，與當時袁氏同爲鼎盛之家，很受人尊重，對官宦集團影響也大。楊修既屬世族名門，又是另一世族袁氏的外甥，受到兩大世族的蔭庇，身份自更不同。

二、楊修的官職

楊修追隨曹操，有關書籍上，有的說他是曹操的主簿（秘書），有的說他是行軍主簿（機要秘書），有的說他是掌庫主簿（財務秘書），他究竟所掌何事？似乎只有三國演義交代得最爲清楚。

三國演義第六十回張松問楊修說：「敢問公爲朝廷何官？」楊修答說：「現爲丞相府主簿。」張松說：「久聞公世代簪纓，何不立於廟堂，輔佐天子，乃區區作相府門下一吏乎？」楊修聞言，滿面羞慚，強顏而答說：「某雖居下僚，丞相委以軍政錢糧之重，早晚多蒙丞相教誨，極有開發，故就此職耳。」

從楊修的這段話，可見他真正的職務是曹操的「行軍主簿」兼「掌庫主簿」，即「機要秘書」兼「財務秘書」。

三、楊修的捷才

「世說新語」（大方版）捷悟一章，一共介紹了三個小故事，但所記都是楊修的典故，等於楊修的專章。從這些小故事，可看出楊修的捷才，茲列介如次：

（一）楊修任曹操財務秘書時，曹操正在建造相國門，屋椽剛建妥，曹操親往查看，不置褒貶，只取筆於門上書一「活」字而去，人皆不曉其意。楊修見了，立即令匠人廢棄，折完後才說：「門中添一活字，乃闊字也，丞相嫌門大也。」

（二）塞北有人送曹操一盒果飴，曹操只吃了少許，就在盒上題一「合」字以示眾，眾莫能解。及至楊修，楊修拿著便吃，並說：「丞相教人噉一口也，豈敢違丞相之命乎？」

（三）楊修跟隨曹操到曹娥碑下，碑上題有「黃絹幼婦外孫齏臼」八字，操問修說：「你解此意否？」楊修回答說「解。」曹操說：「你且勿言，待我思之。」上馬行了三十里，曹操終於省悟，於是記其所知，笑謂修說：「你試言之。」楊修回答說：「此隱語耳。黃絹者，有色之絲也，色旁加絲，是『絕』字。幼婦者，少女也，女旁加少，是『妙』字。外孫者，女之子也，女旁加子，是『好』字。臼者，受五辛之器也，受旁加辛，是『辭』字，合起來為『絕妙好辭』四字。」與曹操所記相同，曹操於是嘆說：「我才不及卿，乃覺三十里。」

四、聰明自誤的幾個關鍵

楊修之終為曹操所害，原因並非一端，下列幾項都直接間接與其死有關：

（一）曹操恐人暗中謀害自己，曾吩咐左右說：「我睡夢中好殺人，在我睡著的時候，你等切勿近前。」一天曹操晝寢帳中，落被於地，一近侍慌取覆蓋，曹操躍起拔劍將其斬了。上床繼續睡覺，半晌而起，故意驚問：「甚麼人殺我近侍？」眾以實對。曹操痛哭，命予厚葬。人皆以爲曹操果然在睡中殺人，惟楊修知其意，臨葬時指而嘆說：「丞相非在夢中，君乃在夢中耳？」曹操知道後，非常恨惡。

楊修這兩句話，等於洩漏了曹操的陰謀，曹操焉能不恨惡？。

（二）楊修入見曹操說：「適才丞相何慢張松乎？」曹操說：「言語不遜，吾故慢之。」楊修說：「丞相尙容一禰衡，何不納張松？」曹操答說：「禰衡文章播於當今，吾故不忍殺之。松有何能？」楊修說：「且無論其口似懸河，辯才無礙，適修以丞相所撰『孟德新書』示之，彼觀一遍，即能暗誦。如此博聞強記，世所罕有。松言此書乃戰國時無名氏所作，蜀中小兒，皆能熟記。」曹操說：「莫非古人與我暗合否？」令扯碎其書燒之。

曹操盜竊古人作品，以自己名字印成「孟德新書」，楊修揭穿之後，乃大傷其自尊，雖當時不便發作（僅燒其書），事後焉有不藉故除去之理？

（三）曹操想試曹丕、曹植的才幹，一日，令出鄴城門，卻密使人吩咐門吏，令勿放出。曹丕先至，門吏阻止，丕只得退回。植聞之，問於修，楊修說：「君奉王命而出，如有阻擋者，逕斬之可也。」植然其言。及至門，門吏阻之，植叱之說：「我奉王命，誰敢阻擋！」立斬之，於是曹操以曹植爲能。後有人告曹操：「此乃楊修之所教也。」楊修遂以交構賜死。臨死時，楊修對朋友說：「我固自以死之晚也。」其意以爲坐曹植也。

可見他實在不應捲入曹家兄弟之爭，死前雖已大徹大悟，但爲時已晚，無力回天。

（四）曹操屯兵漢中斜谷界口，想要進兵，又被馬超拒守；想收兵回，又恐被蜀兵恥笑，心中正猶豫不決。適庖官進雞湯，操見碗中有雞肋，因有感於懷。正沉吟間，夏侯惇入帳，稟請夜間口號，操隨口說：「雞肋！雞肋！」惇傳令眾官，都稱「雞肋」。行軍主簿楊修，見傳「雞肋」二字，便教隨行軍士各收拾行裝，準備歸程。有人報知夏侯惇，惇大驚，遂請楊修至帳中問說：「公何收拾行裝？」修說：「以今夜號令，便知魏王不日將退兵歸也。雞肋者，食之無味，棄之可惜。今進不能勝，退恐人笑，在此無益，不如早歸。來日魏王必班師矣，故先收拾行裝，免得臨行慌亂。」夏侯惇說：「公真知魏王肺腑也！」遂亦收拾行裝。

於是寨中諸將，無不準備歸計。當夜曹操心亂，不能穩睡，遂手提鋼斧，遶寨私行。

只見夏侯惇寨內軍士，各準備行裝。操大驚，急回帳召惇問其故。惇說：「主簿楊修，先知大王欲歸之意。」操喚楊修問之，修以雞肋之意對。操大怒說：「汝怎敢造謠，亂我軍心！」喝刀斧手推出斬之，將首級號令於轅門外。

楊修自作聰明，就地正法，如何能免？

五、結語

楊修的確非常聰明，以其聰明，故恃才傲物，數犯曹操之忌，有人說：「精明外露，爲不祥之兆。」楊修正是如此。

楊修直接致死的原因，在三國誌一書裡，雖同爲裴松之註，也有兩種說法：一爲參與曹氏家庭糾紛（上述關鍵因素之（三）），一爲擾亂軍心（上述關鍵因素之（四））。不過三國演義的作者卻採用後者，即「擾亂軍心」才是楊修真正的死因。其他的幾個關鍵因素雖也非常重要，但都是間接因素，而非直接因素。

楊修是曹操的機要兼財務秘書，其致死的幾個關鍵因素。可說無一與其職務有關。有很多事情，他原可以不說，自己心知肚明就好，無奈他要表現自己的聰明，結果禍從口出，聰明反被聰明誤，以三十四歲的年齡就身首異處，的確令人非常惋惜。

事必躬親的諸葛亮

筆者在本刊曾兩度爲文論及諸葛亮，平心而論，諸葛亮的確是一個了不起的人才，他的聰明才智是第一流的，他推銷自己的技術也是第一流的，他在一千八百年前就知道有組織有計畫的建立及運用經營情報系統（MIS），更令一千八百年後研究經營管理的人讚嘆不已。

諸葛亮唯一的缺點，就是不能分層負責。他事必躬親，不惟不知道授權，而且近乎攬權。攬權的結果，正如他自己所說的：「食不知味，寢不安席。」終致操勞過度，活活累死，死時不過五十四歲。可見他這唯一缺點，不幸就是他的「致命傷」，既害了他自己，也害了蜀漢。

何以說害了蜀漢呢？我們知道，蜀漢的淪亡，固然種因於關羽破壞了聯吳政策，以致有荊州之失、猇亭之敗，使蜀漢元氣大傷。但是如果不是諸葛亮事必躬親，糟蹋了自己，則諸葛亮不死，蜀漢的復興，至少還有一線希望；如果不是諸葛亮事必躬親，不能藉分層負責培育人才，則諸葛亮縱然死了，也不致「人亡政息」，後繼無人。所以說這「事必躬親」，固然是諸葛亮的悲劇，又何嘗不是蜀漢的悲劇！

諸葛亮事必躬親的事例

諸葛亮事必躬親，最顯著的事例有二：

第一、自兼司法：責罰二十以上，要親自處決，儼然自己就是現在軍法中的覆判局，司法體系中的最高法院。根據資治通鑑卷七十二魏紀四及晉書帝紀第一所載：諸葛亮屯軍五大原時，司馬懿與之相持而不戰，諸葛亮無計可施，最後竟遣人送婦人之衣以相激。司馬懿接見蜀使時，不問戎事，只詢及諸葛亮的起居飲食，使者答道：「諸葛公夙興夜寐，罰二十以上，皆親覽焉；所噉食不至數升。」司馬懿告人道：「諸葛孔明食少事煩，其能久乎！」於是更加堅守不戰，以待諸葛亮之亡。果然不久，諸葛亮便病倒軍中。

第二、親校簿書：諸葛亮常自校簿書，使得擔任主簿官職的楊顒非常難堪。根據資治通鑑卷七十魏紀二所載：楊顒為此著實把諸葛亮數落了一番，他說：「為治有體，上下不可相侵，請為明公以作（作，治也）家譬之。今有人使奴執耕稼，婢典炊爨，雞主司晨，犬主吠盜，牛負載重，馬涉遠路，私業無曠，所求皆足，雍容高枕，飲食而已。忽一旦盡欲以身親其役，不復付任，勞其體力，爲此瑣務，形疲神困，終無一成，豈其智之不如奴婢雞狗哉，失爲家主之法也。是以古人稱坐而論道，謂之王公；作而行之，謂之士大夫；故丙吉不問橫道死人而憂牛喘（註一），陳平不肯知錢穀之數，云自有主者（註二），彼誠達於位分之體也。今明公爲治，乃躬自核簿書，流汗終日，不亦勞乎？」

主簿就是今天的秘書，這位秘書取譬適當，數落得很有道理，毋怪乎曾經舌戰群儒（見三國演義第四十三回）、辯才無礙的諸葛丞相，也只好「聞而謝過」。

奴婢雞狗，各有所司，作家主的固不必「身親其役」；同理，政府設官任職，也是各有所掌，上下又豈可相侵？筆者曾在一管理刊物上讀到一則故事：謂有一國際公司的大老闆，每年例須視察全球各分公司的業務，一次當他到達某一分公司時，見該分公司的經理正忙於撰寫答復顧客的函件，他不動聲色地坐於一旁，俟其寫完函件交給女秘書封發之後，告訴該經理說：「從明天起，你不必來上班了！」該經理自以爲非常勤勞，聽後十分驚訝，忙問其故。老闆回答說：「公司僱用女秘書，其任務就是撰寫答復往來客戶的信件，現在你親自寫信，把時間耗在不該耗的地方，可知你的本職一定沒有做好。」

諸葛亮的老闆，幸好爲庸懦的阿斗，不懂現代管理，否則如諸葛亮之一把抓，以丞相之尊自兼司法、親核簿書，他是應被炒魷魚的。

諸葛亮不能授權的原因

諸葛亮何以不能授權？以他的聰明才智，豈不懂分層負責可以增進行政效率、節省主管時間精力的道理？筆者以爲他之所以不能授權，有以下兩個原因：

第一、不信任所屬：一個長官如果樣樣都強過屬下，其部下的作爲一定很難得到他的充分信任。諸葛亮正因爲本身太強了，難免顧慮所屬學識經驗不足，不敢授權；又因爲過於謹慎，甚至連所屬職務上的行爲，他也放心不下，其自兼司法、親核簿書，即是基於以上因素。

第二、怕影響權威：諸葛亮一向是以足智多謀著稱，其能足智多謀，除了本身的學養外，另一重要因素就是接觸面，因爲接觸面廣，故能無所不知。授權以後，其接觸面必然減少，如果長時間看不到第一手資料，權威性一定相對降低。就諸葛亮的個性而言，當然不願見到自已的權威受損。

諸葛亮非常重視自已的權威，我們從他直到臨死前夕才肯將他的八務、七戒、六恐、五懼之法傳給姜維一事來看，即可證實筆者並未厚誣古人。這段經過，三國演義第一百四回寫得極爲生動：

「姜維入帳，直至榻前問安。孔明曰：『吾本欲竭忠盡力，恢復中原，重興漢室；奈天意如此，吾旦夕將死。吾平生所學已著書二十四篇，計十萬四千一百一十二字；內有八務、七戒、六恐、五懼之法。吾遍觀諸將，無人可授，獨汝可傳我書。切勿輕忽！』維哭拜而受。孔明又曰：『吾有連弩之法，不曾用得。其矢長八寸，一弩可發十矢，皆畫成圖本，汝可依法造用。』維亦拜受。」

一篇十萬四千字的巨著，筆者不知道姜維於哭拜而受之後，一時之間如何消化？諸葛亮不到臨死，不肯傳授他的「秘笈」，當然與他重視個人權威性有關。

也許有讀者認爲祇因姜維來歸太晚（武侯第一次北伐之後），諸葛亮不及傳授，此話誠然不錯。可是追隨諸葛亮多年的馬謖，又何嘗有此幸運？馬謖能言善辯，兵書背得滾瓜爛熟，諸葛亮與之談論，往往自晝達夜，他經常爲諸葛亮劃策，是諸葛亮最欣賞的人才，諸葛亮甚至違背劉備的遺命（註三）予以重用，其在諸葛亮心目中的份量可知。像這樣一位人物，諸葛亮理應傳授，而且有機會傳授，但是他並未傳授，可見他之不傳，是不爲也，也。易言之，多少有點私心存在。怕一旦將自己長時間累積的經驗傳授以後，青出於藍，徒弟超越師父，影響自己的權威。除此之外，殊難找出他不傳的理由。

諸葛亮該向何人借壽

三國演義第一百三回裡，還介紹了這麼一個故事，即諸葛亮在病危的時候，曾設七星燈借壽。據說七天內主燈不滅，就可以延長十二年的壽命。不幸在他祈禳了六夜之後，這主燈竟被魯莽的魏延爲了報告緊急軍情而踏滅了。氣得一旁的姜維，拔劍欲殺魏延，諸葛亮止之說：「此吾命當絕，非文長之過也。」

當然，這段故事是荒唐的，其內容完全爲演義作者所虛構，不過以蜀漢當時的形勢言，諸葛亮之借壽則確有必要，祇是借壽的對象，不應是北斗星君，而應是他的屬下。如果諸葛亮在發現自己有「食不知味，寢不安席」的徵候時，就能及時授權，減少操勞，把政策以外工作責成所屬全權處理，筆者認爲他是可以多活幾年的。

諸葛亮不幸宿願未償，賚志以終，讀史的人，無不爲其惋惜。唐朝詩聖杜子美名句：「出師未捷身先死，長使英雄淚滿襟！」確能寫出千萬讀者內心的感受。諸葛亮地下有知，對其生前之未能分層負責充分授權，以致積勞而死，當亦悔恨不已。

（註一）

丙吉，漢朝丞相，春天出巡時，發現路上有死傷之人，他不予理問，看見牛喘息，卻很關心。人問其故，他回答說：「此時天氣不熱，牛不該喘，我擔心天時不正影響收成，此為丞相之職務。」

（註二）

陳平為漢朝宰相，皇帝以全國年決多少案件、收多少錢糧相詢。他回答說此事可問有關主管部門，宰相只管群臣，不管此事。

（註三）

劉備病危時，馬謖亦在旁，劉備令且退。謖退出，劉備謂孔明曰：「丞相觀馬謖之才何如？」孔明曰：「此人亦當世之英才也。」劉備曰：「不然。朕觀此人，言過其實，不可大用。丞相宜深察之！」

劉備死後，諸葛亮出兵祁山攻魏時，竟違背遺命重用馬謖為先鋒，宿將趙雲僅派為疑軍，結果造成街亭大敗，蜀兵損失慘重。在群情交相責難下，馬謖固被判處死刑，諸葛亮也自貶三等。街亭之敗，改變了蜀漢的命運，對諸葛亮而言，是一個嚴重的打擊。我們試比較其前後出師表，便可一覽諸葛亮當時的心情。前出師表中，諸葛亮信心十足，要「興復漢室，還於舊都。」而後出師表中，則近乎悲鳴：「今不伐賊，王業亦亡，與其坐而待亡，孰與伐之。」可見這馬謖誤己誤國，真是不該大用。

諸葛亮的自銷戲

諸葛亮是一個非常自負的人物，他自視甚高，常自比管仲、樂毅，其實他不及管、樂；他的朋友譽爲姜尙、張良，其實他不及姜、張多矣；至於「伏龍鳳雛，兩者得一，可安可下。」那更是司馬德操爲推銷諸葛亮所杜撰的鬼話，證之劉備兩者兼得，尙只能混個三分之局，讀者當會覺得盛名之下，其實不符。

不過諸葛亮推銷自己的能力，卻是高人一等的，他那有組織有計畫的推銷方式，不僅空前，恐怕以後也很少有。他有一個龐大的推銷網，論成員，則包括他的朋友司馬徽、徐元直、崔州平、石廣元、孟公威，他的弟弟諸葛均、岳父黃承彥，還有一些訓練有素的農夫和門童。論空間，則包括南漳、襄陽、隆中，幾乎無一不靠近劉備的轄區新野。如此陣容，如此安排，其目的只爲了把他銷出去，可見他爲了推銷自己，的確是嘔心瀝血，下了一番深厚的功夫。

諸葛亮選擇劉備爲推銷的對象，也是經過深思熟慮的，他揣度時勢，知道曹操處人才濟濟，可能容不下這條「臥龍」；孫權身邊，早有周瑜、魯肅等武將文才，似乎也插不上腳；

劉表、劉璋、袁術，或非英主，或無大志，不是合作的對象。數來數去，只有劉備，一則他是中山靖王之後，較有號召力；二則他有關、張、趙雲等虎將，可助自己成就功業；三則他手下文才缺缺，孫乾、糜竺，不過二、三流角色，以諸葛亮的才智，不怕不出人頭地。於是一心一意以劉備爲目標，運用各種手段向其推銷，我們看三國演義，從三十五回到三十八回的每一場戲，幾乎都是諸葛亮所策劃和導演的，他的方式是這樣的：

第一、他要製造一個印象，讓劉備覺得他是一個了不起人才，只要他出山，才能有助於劉備平定天下。我們且看以下三場戲：

第一場：「童子便引玄德，行二里餘，到莊前下馬，入至中門，忽聞琴聲甚美，玄德教童子且休通報，側耳聽之，琴聲忽住而不彈。一人笑而出曰：『琴韻清幽，音中忽起高亢之調，必有英雄竊聽。』童子指謂玄德曰：『此即吾師水鏡先生也。』玄德視其人，松形鶴骨，器宇不凡，慌忙進前施禮，衣襟尚濕。水鏡曰：『公今日幸免大難！』玄德驚訝不已。小童曰：『此劉玄德也。』

水鏡請入草堂，分賓主坐定。玄德見架上滿堆書卷，窗外盛栽松竹，橫琴於石床之上，清氣飄然。水鏡問曰：『明公何來？』玄德曰：『偶爾經由此地，因小童指引，得拜尊顏，不勝欣幸。』水鏡笑曰：『公不必隱諱，公今必逃難至此。』玄德遂以襄陽一事告之。水鏡曰：『吾觀公氣色，已知之矣。』因問玄德曰：『吾久聞明公大名，何故至今猶落魄不偶耶？』玄德曰：『命途多蹇，所以至此。』水鏡曰：『不然；蓋因將軍左右不得其人耳。』玄德曰：『備雖不才，文有孫乾、糜竺、簡雍之輩，武有關、張、趙雲之流，竭忠輔相，頗賴其力。』水鏡曰：『關、張、趙雲皆萬人敵，惜無善用之人。若孫乾、糜竺輩，乃白面書生耳，非經綸濟世之才也。』

玄德曰：『備亦嘗側身以求山谷之遺賢，奈未遇其人何？』……水鏡曰：『今天下之奇才，盡在於此，公當往求之。』玄德急問曰：『奇才安在？果係何人？』水鏡曰：『伏龍，鳳雛，兩人得一，可安天下。』玄德曰：『伏龍，鳳雛何人也？』水鏡撫掌大笑曰：『好！好！』玄德再問時，水鏡曰：『天色已晚，將軍可於此暫宿一宵，明日當言之。』……候至天曉，玄德再問：『伏龍，鳳雛，果係何人？』水鏡亦只笑曰：『好！好！』玄德拜請水鏡出山相助，同扶漢室。水鏡曰：『山野閒散之人，不堪世用。自有勝吾十倍者來助公，公宜訪之。』（第三十五回）

這場戲的目的，在引起劉備求才的意願。本來劉備以其武有關、張、趙雲，文有孫乾、糜竺、簡雍，就很滿足。司馬徽（水鏡）趁其逃亂落魄之際，囑童子在二里外把他引來，指出孫、糜等不過白面書生，非經綸濟世之才。要得天下，勢非伏龍鳳雛不可。

第二場：「玄德立馬於林畔，看徐庶乘馬與從者匆匆而去。……正望間，忽見徐庶拍馬而回。玄德曰：『元直復回，莫非無去意乎？』遂欣然拍馬向前迎問曰：『先生此回，必有主意？』庶勒馬謂玄德曰：『某因心緒如麻，忘卻一語。此間有一奇士，只在襄陽城外二十里隆中。使君何不求之？』玄德曰：『敢煩元直為備請來相見。』庶曰：『此人不可屈致，使君可親往求之。若得此人，無異周得呂望，漢得張良也。』玄德曰：『此人比先生才德如何？』庶曰：『以某比之，譬猶駑馬並麒麟，寒鴉配鸞鳳耳。此人每嘗自比管仲、樂毅。以吾觀之，管樂殆不及此人。此人有經天緯地之才，蓋天下一人也。』

玄德喜曰：『願聞此人姓名。』庶曰：『此人乃瑯琊陽都人，複姓諸葛，名亮，字孔明。乃漢司隸校尉諸葛豐之後。其父名珪，字子貢，為泰山郡丞，早卒。亮從其叔玄，玄與荊州劉景升有舊，因往依之，遂家於襄陽。後玄卒，亮與弟諸葛均躬耕於南陽，嘗好為梁父吟。所居之地，有一岡名臥龍岡，因自號為臥龍先生。此人乃絕代奇才，使君急宜枉駕見之。若此人肯相輔佐，何愁天下不定乎？』玄德曰：『昔水鏡先生曾為備言：伏龍，鳳雛，兩人得一，可安天下。今所云莫非即伏龍鳳雛乎？』庶曰：『鳳雛乃襄陽龐統也。伏龍正是諸葛孔明。』玄德踴躍曰：『今日方知伏龍，鳳雛之語。何期大賢只在目前。非先生言，備有眼如盲也！』」（第三十六回）

這場戲的目的，在適時推薦孔明。徐元直把握計襲樊城建功，劉備對他依賴正深的時候，見好便收，辭別之時，薦諸葛亮以自代，並高其身價，「可親往求，不可屈致。」劉備自然容易接受。

第三場：「卻說玄德正安排禮物，欲往隆中謁諸葛亮。忽人報：『門外有一先生，峨冠博帶，道貌非常，特來相探。』玄德曰：『此莫非即孔明否？』遂整衣出迎。視之，乃司馬徽也。玄德大喜，請入後堂高坐，拜問曰：『備自別仙顏，日因軍務倥傯，有失拜訪。今得光降，大慰仰慕之思。』徽曰：『聞徐元直在此，特來一會。』玄德曰：『近因曹操囚其母，徐母遣人馳書喚回許昌去矣。……元直臨行，薦南陽諸葛亮，其人若何？』徽笑曰：『元直欲去自去便了，何又惹他出來嘔心血也？』玄德曰：『先生何出此言？』徽曰：『孔明與博陵崔州平，潁川石廣元，汝南孟公威，與徐元直四人為密友。此四人務於精純，惟孔明獨觀其大略。嘗抱膝長吟，而指四人曰：公等仕進可至刺史，郡守。眾問孔明之志若何，孔明但笑而不答。每常自比管仲樂毅，其才不可量也。』玄德曰：『何穎川之多賢乎？』徽曰：『昔有殷馗善觀天文，嘗謂群星聚於穎川，其地必多賢士。』

時雲長在側曰：『某聞管仲樂毅，乃春秋戰國名人，功蓋寰宇，孔明自比此二人，毋乃太過？』徽笑曰：『以吾觀之，不當比此二人。我欲另以二人比之。』雲長問那二人。徽曰：『可比興周八百年之姜子牙，旺漢四百年之張子房也。』眾皆愕然。徽下階相辭欲行，玄德留之不住。徽出門仰天大笑曰：『臥龍雖得其主，不得其時，惜哉！』言罷，飄然而去。玄德嘆曰：『真隱居賢士也！』」（第三十七回）

這場戲的目的，在堅定劉備求才的決心。徐元直推薦孔明之後，劉備是否會命駕往求，這是諸葛亮所關切的。司馬徽往訪劉備，會徐元直是假，堅劉備之志是真。他把諸葛亮比作興周八百年之姜子牙，旺漢四百年的張子房，怎不令胸懷大志的劉備所嚮往。

經過以上三場戲的演出，諸葛亮製造印象的目的，自然是達到了。

第二、他懂得求才就如同追小姐一樣，得來太容易，就不會珍惜，所以他要劉備三顧草廬，要劉備不斷碰壁。我們再看以下三場戲：

第一場：「玄德同關、張並從人等來隆中，遙望山畔數人，荷鋤耕於田間，而作歌曰：

蒼天如圓蓋，陸地如棋局。世人黑白分，往來爭榮辱。榮者自安安，辱者定碌碌。南陽有隱居，高眠臥不足。

玄德聞歌，勒馬喚農夫問曰：『此歌何人所作？』答曰：『乃臥龍先生所作也。』玄德曰：『臥龍先生住何處？』農夫曰：『自此山之南，一帶高崗，乃臥龍崗也。崗前疎林內茅廬中，即諸葛亮先生高臥之地。』玄德謝之，策馬前行。不數里，遙望臥龍崗果然清景異常。

玄德來到莊前下馬，親叩柴門，一童出問。玄德曰：『漢左將軍宜城亭侯領豫州牧皇叔劉備，特來拜見先生。』童子曰：『我記不得許多名字。』玄德曰：『你只說劉備來訪』。童子曰：『先生今早已出。』玄德曰：『何處去了？』童子曰：『蹤跡不定，不知何處去了。』玄德曰『幾時歸？』童子曰：『歸期亦不定，或三五日，或十數日。』

玄德惆悵不已。張飛曰：『既不見，自歸去罷？』玄德曰：『且待片時。』雲長曰：『不如且歸，再使人來探聽。』玄德從其言，囑咐童子：『如先生回，可言劉備拜訪。』遂上馬。」

（第三十七回）

這場戲的目的，在透過歌唱的內容，製造神秘感，製造隱士高賢的形象。耕者所唱「南陽有隱居，高眠臥不足。」固然是諸葛亮所作；至於童子所說的「蹤跡不定，不知何處去了。」「歸期亦不定，或三五日，或十數日。」又何嘗不是諸葛亮所教呢？

第二場：「三人回新野過了數日，玄德使人探聽孔明。回報曰：『臥龍先生已回矣。』玄德便教備馬……。時值隆冬，天氣嚴寒，彤雲密布。行不數里，忽然朔風凜凜，瑞雪霏霏；山如玉簇，林似銀妝。張飛曰：『天寒地凍，尚不用兵，豈宜遠見無益之人乎？不如回新野以避風雪。』玄德曰：『吾正欲使孔明知我慇懃之意。如弟輩怕冷，可先回去。』飛曰：『死且不怕，豈怕冷乎？但恐哥哥空勞神思。』玄德曰：『勿多言，只相隨同去。』……

玄德上馬投臥龍崗來，到莊前下馬，扣門問童子曰：『先生今日在莊否？』童子曰：『現在堂上讀書。』玄德大喜，遂跟童子而入。至中門，只見門上大書一聯云：『淡泊以明志，寧靜而致遠。』玄德正看間，忽聞吟詠之聲，乃立於門側窺之，見草堂之上，一少年擁爐抱膝，歌曰：鳳翱翔於千仞兮，非梧不棲；士伏處於一方兮，非主不依。樂躬耕於隴畝兮，吾愛吾廬。聊寄傲於琴書兮，以待天時。

玄德待其歌罷，上草堂施禮曰：『備久慕先生，無緣拜會。昨因徐元直稱薦，敬至仙莊，不遇空回。今特冒風雪而來，得瞻道貌，實為萬幸！』那少年慌忙答禮曰：『將軍莫非劉豫州，欲見家兄否？』玄德驚訝曰：『先生又非臥龍耶？』少年曰：『某乃臥龍之弟諸葛均也。愚兄弟三人，長兄諸葛瑾，現在江東孫仲謀處為幕賓，孔明乃二家兄。』玄德曰：『臥龍今在家否？』均曰：『昨為崔州平相約，出外閒遊去矣。』玄德曰：『何處閒遊？』均曰：『或駕小舟，游於江湖之中；或訪僧道於山嶺之上；或尋朋友於村落之間；或樂琴棋於洞府之內；往來莫測，不知去所。』

玄德曰：『劉備直如此緣分淺薄，兩番不遇大賢！』……均曰：『家兄不在，不敢久留車騎，容日卻來回禮。』玄德曰：『豈敢望先生枉駕。數日之後，備當再至。願借紙筆一書，留達令兄，以表劉備慇懃之意。』均遂取文房四寶。……玄德寫罷，遞與諸葛均收了，拜辭出門。」（第三十七回）

這場戲的目的，和第一場相同。石廣元和孟公威在酒店中擊桌而歌（以字繁省略未引），以及諸葛均的吟詠，都是讓劉備聽的。「士伏處於一方兮，非主不依。」「聊寄傲於琴書兮，以待天時。」他的志向豈不是很明顯了。

第三場：「玄德回新野之後，光陰荏苒，又早新春。乃令卜者揲蓍，選擇吉期，齋戒三日，薰沐更衣，再往臥龍崗謁孔明。……於是三人乘馬引從者往隆中。離草廬半里之外，玄德便下馬步行，正遇諸葛均，玄德忙施禮，問曰：『令兄在莊否？』均曰：『昨暮方歸，將軍今日可與相見。』言罷，飄然自去。玄德曰：『今番僥倖，得見先生矣！』張飛曰：『此人無禮！便引我等到莊也不妨！何故竟自去了！』玄德曰：『彼各有事，豈可相強？』

三人來到莊前扣門，童子開門出問。玄德曰：『有勞仙童轉報，劉備專來拜見先生。』童子曰：『今日先生雖在家，但現在草堂上晝寢未醒。』玄德曰：『既如此，且休通報。』吩咐關、張二人，只在門首等著。玄德徐步而入，見先生仰臥於草堂几席之上。玄德拱立階下。

半晌，先生未醒。關、張在外立久，不見動靜，入見玄德，猶然待立。張飛大怒，謂雲長曰：『這先生如何傲慢！見我哥哥待立階下，他竟高臥，推睡不起！等我去屋後放一把火，看他起不起！』雲長再三勸住。玄德仍命二人出門外等候。望堂上時，見先生翻身將起，忽又朝裡壁睡著。童子欲報，玄德曰：『且勿驚動。』又立了一個時辰，孔明纔醒，口吟詩曰：大夢誰先覺？平生我自知。草堂春睡足，窗外日遲遲。

孔明吟罷，翻身問童子曰：『有俗客來否？』童子曰：『劉皇叔在此，立候多時。』孔明乃起身曰：『何不早報？尚容更衣。』遂轉入後堂。又半晌，才整衣冠出迎。」（第三十

八回）

這場戲爲全劇的高潮，諸葛亮自導自演，親自作秀。他佯裝晝寢，讓劉備待立階下，一待數個時辰。「有俗客來否?」這是明知而故問。其目的在做出「千呼萬喚始出來，猶抱琵琶半遮面」的姿態。他當劉備面囑咐其弟說：「吾受劉皇叔三顧之恩，不容不出。汝可躬耕於此，勿得荒蕪田畝。待吾功成之日，即當歸隱。」讓人聽來他這次出山是多麼勉強。真是導也導得精彩，演也演得生動。

劉備在司馬徽、徐元直等人心理戰術的運用下，對諸葛亮本已心儀甚久，再加他在劉備三顧茅廬途中的種種演出，使其在劉備的心中，更有「斯人不出，於蒼生何！」的感覺。等費了九牛二虎之力把他請出山來，自然是格外倚重，而言聽計從了。所以諸葛亮推銷自己的方式的確是非常高明的；他不僅要劉備用，還要劉備重用。現在一般推銷自己的方式，總不外自薦和介紹（考試多爲基層職位），而諸葛亮則是兩者兼用，再透過輿論的作用，即教唱民歌，以強化他的形象。所以他不僅成功了，而且是大大的成功。

諸葛亮推銷自己是成功了，我們看他輔佐劉備創立基業的史實，也不能不承認他的確是一個人才，何以他的成就會不及管仲、樂毅，也不及姜尙、張良呢?其原因如下：

一、缺乏自知之明：諸葛亮長於治理，不長於應變將略。而他卻反其道而行；把治理之責交給郭攸之、費禕等，自己則承乏討賊興復之任。致連年動眾，空勞師旅，既未能進咫尺之地，卻使國家元氣大傷。

二、不懂現代管理：諸葛亮事必躬親，大權獨攬，既不知道分層負責，又不知道選用助手為自己分勞分憂，結果鞠躬盡瘁自己累死了不說，也影響了以後蜀漢的大局。

三、幫派思想太重：諸葛亮對先主舊臣，處處壓抑。街亭之戰，論條件本可穩操勝券，但由於他一念之私，勿視先主遺言（馬謖言過其實，不可重用），用馬謖（本派核心人物）為先鋒，宿將趙雲只派為疑軍，致造成街亭之失，蜀兵損失慘重，此後即一蹶不振。

以上三種情形，有一就足以影響一個人的成就，況諸葛亮三者都有，自然其成就要遠遜於管、樂、姜、張了。

此外，筆者總覺得諸葛亮的過份矯情，近似虛偽。譬如說他明明熱衷於仕進，偏偏裝出一種不問世事的姿態；明明不曾一天下過田，偏偏自稱「躬耕南陽」；眼看魚兒（劉備）上鉤了，明明內心喜不自勝，猶佯裝晝寢；至於他弟弟答覆劉備有關他的行蹤時說：「或駕小舟，游於江湖之中；或訪僧道於山嶺之上；或尋朋友於村落之間；或樂琴棋於洞府之內；

往來莫測，不知去所。」有這樣的閒情逸緻，又何嘗像個「耕夫」？他的矯情，他的虛僞，和晉朝的謝安如出一轍。謝安看到肥水之戰的捷報，了無喜色，自顧下棋，事後竟高興得「不覺屐齒之折」。他們的心態，真有異曲同工之妙。

閒話財神爺

「財神爺」爲掌管錢財之神，這個名稱的出現，歷史並不太久；秦始皇以前，並沒有這樣一位神道，其出現大概在東漢時代，但在三國、魏晉及六朝，這位神道似乎並不走運。趙元壇之走紅，是唐以後的事，到了明代，封神的地位就無人可以搖撼，「封神演義」一書出現之後，趙元壇在民間便有了不可磨滅的印象。

財神的傳說很多，我國南方與北方所奉祀的財神亦有不同，一般說來，南方奉祀的是「五路財神」，而北方奉祀的則是「文武財神」。

五路財神，分別是玄壇真君趙公明（元壇）、招寶天真蕭昇、納珍天真蕭寶、招財使者陳九公、利市仙官姚少司。其官職爲姜子牙受命所封，封神演義第九十九回：

「子牙又命柏鑑引趙公明等上壇受封。不一時淸福神用旛引趙公明等至臺下，跪聽宣讀敕令。子牙曰：今奉太上元始敕令；爾趙公明苦修大道，已成三乘根行，深入仙鄉，無奈心頭火熱，德業迥超淸淨，其如妄境牽纏，一墮惡趣，返真無路，生未入大羅之境，死當受金誥之封。特敕封爾爲金龍如意正乙龍虎玄壇真君之神，率領部下四部正神，迎祥納福，追逃捕亡。爾其欽哉！招寶天真蕭昇、納珍天真蕭寶、招財使者陳九公、利市仙官姚少司。」

其中陳九公、姚少司兩人原爲趙公明的門徒，蕭昇、蕭寶兄弟則是趙公明的敵人。陳九公、姚少司爲救其師趙公明，在趙公明命在旦夕之際，借土遁暗往岐山搶「釘頭七箭書」，結果分別被楊戩、哪吒刺死。蕭昇、蕭寶曾助被趙公明打得落荒而逃的燃燈道人把趙公明的兩個寶物縛龍神、定海珠收去；不過後來蕭昇死於趙公明的神鞭之下，蕭寶死於趙公明的同黨王奕的紅水陣內。

至於趙公明，則是被姜子牙用陸壓的魅魔之術三箭射死；一箭射左目，一箭射右目，一箭射心。姜子牙所射者爲草人，但每射一箭，身在成湯營裡的趙公明必大叫一聲，最後死於成湯營裡，死時二目血水流漣，心窩流血。

由於過去的恩恩怨怨，或者有人懷疑曾是趙公明敵人的蕭氏兄弟現在作了趙公明的部下，他們之間是否很難相處？其實這是多慮，神仙的胸襟、氣度自較我們凡人寬宏，況且當時所經歷之事，在他們看來只是在滾滾紅塵「歷劫」而已，既是「歷劫」，自然不會在意，所以死後其靈魂才有志一同都前往封神臺候封去了。

至於文武財神，則有兩種傳說：

一說爲比干與趙公明：比干爲文財神，他是封神演義中被紂王剖心而死的丞相；趙公明爲武財神，他是封神演義中被姜子牙射瞎雙目的神祇。比干無心，不致有傷心之處；趙公明無眼，不致以勢利眼看人。

一說爲范蠡與趙公明：范蠡爲文財神，曾助越王勾踐破吳，後易名陶朱公，理財致富；趙公明爲武財神，相傳爲秦時人，隱居「終南山」，能卻病禳災，買賣求財。

這兩個文武財神的傳說中，以范蠡爲文財神的可能性較爲高些。比干生前雖貴爲丞相，但總管政務，並未涉及財政；而范蠡則因爲經商致富，成爲一世之豪，並列名史記「貨殖列傳」之首，這樣的人物，是有資格封爲財神爺的。

范蠡之傳說爲財神爺，並不是因爲其能生財（三聚），而主要在其生財之後能夠疏財（三散），他能夠把辛辛苦苦積聚的財富，一次又一次的回饋地方，分給貧窮的民眾和親友，范蠡有這樣的行爲，這不是我們幻想中的財神爺是甚麼？

以上有關財神的三種傳說，不論那一種，好像都少不了趙公明，可見趙公明的財神爺地位是可以肯定的。在封神演義中，趙公明的本領相當不錯，聞太師在其十個道友佈下的十陣被姜子牙破了六陣之後，無計可施，特別去峨嵋山羅浮洞把他請下山來。趙公明下山後的表現果然可圈可點，一下子打死姜子牙（後爲廣成子用金丹救活），繼而打傷黃龍真人、赤精子、廣成子、玉鼎真人及靈寶六法師等五位上仙，要不是陸壓道人用魅魔之術，當時姜子牙營中之人，幾乎還沒有趙公明的對手。

陸壓教姜子牙在岐山營內築一臺，結一草人，草人身上書「趙公明」三字，頭上、足下各置燈一盞，姜子牙披髮仗劍，腳步罡斗，書符結印，一日三拜，只拜得趙公明心如火發，意似油煎，神散不歸，如此二十一日七篇書拜完之後，陸壓揭開花籃，取出一張桑枝弓，三隻桃花箭，要子牙在午時初刻，用此箭射之，趙公明因此死於成湯營裏。

這種法術在紅樓夢一書中，趙姨娘（賈政之妾）因嫉妒賈寶玉和王熙鳳叔嫂，也曾買通馬道婆使過，只是叫做魘魔法，方法大同小異，馬道婆用剪子鉸了兩個紙人兒，分別將兩人的年庚寫在上面，再用藍紙鉸了五個青面鬼併在一起，拿針釘了，然後由馬道婆作法，果然把他們叔嫂弄得瘋瘋癲癲，繼而不省人事，身熱如火，後來幸虧來了一個癩和尚和一個跛道士把他們救了，不然其結局可能與趙公明一樣。看來這種邪術，不僅三姑六婆會使，連神仙也不例外。

趙公明又稱趙元壇，道教稱趙元帥，關於他的畫像，大多是手執鋼鞭，跨騎黑虎，雙眼圓睜，兩道眉毛中間，還有一隻直視的眼睛，相貌雖非常駭人，不過其個性則非常剛直，我想這也可能是他被封爲財神爺的理由。以其剛直，故能公正，決不可能因某人賄賂（拜拜）而多予，因某人不燒香而不予。

「財神爺」因爲掌管錢財，故深受民間歡迎，各地財神廟，無不香火鼎盛。民間拜他、祭他，自然是嗅著銅臭而來。不過也有窮而傲的，像竹林七賢之一的阮籍，不但不拜財神，還要罵財神，讀吟風閣雜劇「窮阮籍醉罵財神」一劇，他罵得財神的司命—大寶法王都生氣了，要鬼卒攜名韁利鎖去勾取他的生魂來拷問，偏阮籍不愛名利，名韁利鎖奈何他不得，只一搖身，韁鎖就自脫了。

財神爺大吃一驚，知道他是竹林七賢之一後，馬上賜坐，並解釋說：「凡人窮通得喪，種種由天，強取強求，災禍立至，我不過奉命而行，那一些自主得的。」阮籍也說：「今日個我非無禮，只爲問天不語，借你爲題。」可見但凡名士高賢，財神爺也是非常敬重的。

現在我們六年國家建設計畫需費龐大，倒真希望財神爺能光顧臺灣寶島，讓外資源源而來，使我們建設順利，經濟持續成長。

哀帝與董賢

也許是男性爲中心的社會使然，在歷史上我一直感到文史家關於男女私生活的批評，對於女人的要求，常是過於尖刻，而其對於男人，則每每失之寬容。祇要是女人一有瑕疵，無不是大張撻伐，如不爲「加油添醋」故意渲染，就算是最寬厚了，更不用談「保留」。而男人呢？文史家不是三緘其口避諱不談，就是輕描淡寫，讓讀者自己去遐想。拿漢哀帝與董賢來說吧！一個是歷史上最沒有出息的皇帝，一個是得官最不漂亮的大臣，他們之間曖昧的行爲，在正史裏，固未見爽朗地揭穿，就是演義裏，又何嘗不是約略地記述。

我們現在拋開野史不談，且看正史上是怎樣記載他們的故事：

「董賢字聖卿，生得異常姣好，哀帝做太子時早已傾心於他，即位後，出則參乘，入御左右，依然時常與他同臥起。有一天午睡，董賢枕著哀帝的衫袖，哀帝要下床，卻怕驚醒了董賢，於是把衫袖剪斷而起。董賢甫二十二歲，在政治上沒有做過一點事，便被冊爲大司馬。待哀帝病倒，他還想『法堯禪舜』於這位不倫不類的孌人，其恩寵可知。」

這段史實雖然簡略，然吾人在依稀中，仍不難推知得如下種種：

第一、哀帝與董賢，確實再搞同性戀，否則的話，他是決不會放著三宮六院的嬌娃不去享受，而偏是找一個男人去「愛睏」的。

第二、哀帝其人，如不是生理變態，當也是心理變態。設其身心正常，他也就不致想「法堯禪舜」，不愛江山愛董賢了。

第三、他們兩人的關係是：「一個願打，一個願挨」。雖然主動還在哀帝，若董賢不情願，他也就不會於犧牲自己之外，還自動地呈獻妹妻（演義內載）。

不過此中亦不無疑問處：

第一、在當時的宮中，是否能容許哀帝與董賢明目張膽地同眠？我們知道，哀帝是最懦弱的皇帝，對皇太后和太皇太后均畏之若虎，像這樣公然行之於宮中的事，她們不能不有所聞，更不能有所聞後，而仍聽從其喪失人格，敗壞體統。

第二、演義內所載：董賢不唯自己隨侍哀帝左右，其妹妻亦貢獻哀帝。從來大多數的看法，也認爲甚有可能，理由是董賢自身尚且不惜，遑論妻妹。而筆者則認爲或係文人揣測挖苦者，可能不是事實，因哀帝對宮中后妃尚且乏味，而樂與男人「同臥起」，則賢之妹妻又何能引其入勝。當然，如董賢期藉此以爲脫身之計，又當別論。

第三、大凡男人同性戀，這中間總有一個是偏於女性的，那麼哀帝與董賢，究竟誰偏於女性呢？一般人因見董賢「生得姣好」，且「善爲媚以自固」，每以爲董賢近乎女人。而筆者則期期以爲不然，我的理由是：董賢有妻有子，而哀帝雖多后妃，卻一無所出，這事實不是很明顯了嗎？

此外，筆者還有一個想法：我以爲哀帝若稍有可爲，不取用丁、傅，不猥褻董賢，不貶退王氏，以後「篡漢」的事實或者不致發生也說不定，因哀帝平帝既不可輔，以王莽這樣一位有偉大抱負的角色，除「取而代之」以外，他能有什麼作爲呢？（雖然他後來是失敗了，但其政治理想不能謂爲不善。）且哀帝在位時，丞相王嘉因董賢下獄死，師丹的「限田政策」爲丁、傅故而不行，早使有志之士，對朝廷失去了信心，終致造成以後吏民歌功頌德，擁護王莽自立的事實。探本溯源，我們能說不是哀帝種下的禍因？

有人品評漢朝（包括西漢、東漢、蜀漢）的皇帝，眾口一詞，都認爲漢武帝最有爲亦最出色，至於最懦弱最無能的，則指爲蜀漢的阿斗。對於前者，自是無可置疑，不容翻案，唯對於後者，筆者卻不作如是觀。

我認爲阿斗之不中用，決沒有如漢哀帝之荒唐無行；漢哀帝二十歲即位，二十六歲死亡，六年的皇帝間，政治一無所成，子女一無所出，終其一生，可說是一無可取，這還不打緊，他還爲漢朝留下一件有傷大雅的「斷袖之羞」的笑料，千古傳爲話柄，這樣的皇帝，怎能不使他的列祖列宗跳腳！

宋襄公與楚霸王

祇要是看過「霸王別姬」，或者看過「鴻門宴」這幾齣戲的人，我想對於楚霸王其人，總不致陌生的；祇要讀過一點歷史的，對於宋襄公其人，我想也不會毫無一點印象。

宋襄公與楚霸王，在性格上，他們是一個迂腐，一個暴戾，一個是張口仁義閉口仁義的王道主義者，一個卻是百分之百的霸道，可以說是極端不同的兩個類型，然而他們卻有一個共同之點，也就是他們唯一相同之處，那就是「至死不悟」了。

先說宋襄公，宋襄公這個人物，正如呂祖謙之東萊博議所批評的：總括言之，他是愚不可及；明知其本國不強，他偏是不自量力，夜郎自大，領袖慾倒不小，妄想效齊桓公而作盟主。這且不說，而當當時各國都迷信於武力與詐術的時候，他且不識時務，天真地期以仁義誠信去號召，結果在盂地作了一次楚俘，他還不覺悟。待他伐鄭，當其大軍和楚的救兵在泓水相遇，他又擺出一副仁義的姿態；當楚人涉渡未畢，正好迎擊的時候，他說不行，一會楚人登陸，卻還沒有整隊，公子目夷又勸他進擊，他說還是不行，等到楚人把隊伍整好，他的良心才容許他下進攻令，結果宋軍大敗，他也傷了股，後來因此致死。死前還大發議論說：「君子臨陣，不在傷上加傷，不捉頭髮斑白的老者，古人用兵，不靠險阻，寡人雖是亡國之餘，怎能向未成列的敵人鳴鼓進攻呢？」天下竟有這樣執迷不悟的人，真是可笑亦復可憐！現在我們有一句口號：「對敵人寬恕，就是對自己殘忍。」宋襄公正是如此，其對敵人固然是仁至義盡，而對己方的後果卻疏於顧慮，智之不及，無怪乎列國志要譏其為「假仁失眾」了。

再說楚霸王，楚霸王也是一樣，「自矜功伐，奮其私智」，既放棄殺沛公的機會於前，又失策於捨關中險要之地於後，而且劃鴻溝撤兵，他竟大搖大擺毫無警覺，致令漢兵偷襲。明明是咎由自取，他偏說是「天意」。及其敗危，自度不得脫，他竟向其部下說：「吾起兵，至今八歲矣，身七十餘戰，所當者破，所擊者服，未嘗敗北，遂霸有天下。然今卒困於此，此天之亡我，非戰之罪也。今日固決死，願為諸君決戰，必三勝之，為諸君潰圍，斬將，刈旗，令諸君知天亡我，非戰之罪也。」這不是「至死不悟」是什麼呢？後來他幾經奮戰，本可東渡烏江，重振旗鼓，忽然又轉念說：「天之亡我，我何渡為！」結果自刎而死。像他這樣至死不悟，與宋襄公又有什麼分別？

不過話說回來，對於他們兩位，雖然其作為殊不足取，但平心而論，筆者個人倒是同情的成份居多。

就宋襄公言，雖然其殺鄫國之君以祭睢神，表現得非常殘暴酷戾；惟在其大軍與楚國救兵泓水一戰上，卻也言行合一，並不像一般人僅僅是嘴巴上唱唱高調，他既認為仁義誠信的做法是對的，後來雖為此致死，他也不怨不尤，這種精神是可取的。雖然他用非其時、用非其地、用非其人，結果弄到兵敗人亡，這只能說是其個性近乎膠柱鼓瑟和拘泥不化，至於列國志批評其為「假仁」，顯然是矯枉過正之詞，筆者不同意這樣的看法，即求之於史記中，司馬遷似乎也沒有加過這樣的貶詞。

至於楚霸王，我個人認為其絕非一般人想像中的那麼粗暴；我們只從項羽鴻門宴這一段來看，如項羽果真是一個粗暴的人物，則其對沛公，何以致猶疑不決，遲遲不忍下手？而且當樊噲以極不友好極不禮貌的態度沖撞他的時候，他卻不動聲色，毫無怒容，始賜之飲，既賜之坐，像這樣的修養，這豈是一個粗暴的人物所能為者？史記上記述其「才氣過人」，就憑這四個字，似乎也不是「粗暴」所能解釋的。其次我覺得項羽其人頗具英雄氣慨，其幼時要學「萬人敵」，見始皇輦輿謂「彼可取而代之」，這固然充份證明其英雄的抱負；及其兵敗，一種慷慨就死的勇氣，也不愧為英雄本色。當然，筆者之同情於項羽，倒並非是基於以上的因素，而是同情他死時之淒涼。「人之將死，其言也善；鳥之將亡，其鳴也哀。」你看他死前先以坐騎贈亭長，繼以頭顱賜馬童，臨死時尚不忘成人之美，這一幅英雄末路的慘景，活生生地擺在面前，怎不叫人感動？怎不叫人掬一滴同情之淚？

楊修與彭德懷

楊修與彭德懷是兩個時代的人物，一個是三國時曹操的主簿（秘書），一個是毛共政權的軍委第一副主席、國務院副總理兼國防部長，把這兩個人扯在一起談，主要係因兩人的下場都不好，兩人都死得不明不白，而且兩人至死都不知道自己真正的死因（被整的原因）。

先談楊修，楊修系出名門，爲東漢名臣楊震的五代孫，楊家從楊震到楊修的父親楊彪，四世三公，爲當時鼎盛之家。楊修聰明絕頂，其反應之快，連一向自負的曹操都不得不承認：「我才不及卿，乃覺三十里。」（見世說新語）但最後還是被曹操殺了，表面上的理由是「擾亂軍心」，依據三國演義的記載是這樣的：

曹操屯兵漢中斜谷界口，想要進兵，又被馬超拒守；想收兵回，又恐被蜀兵恥笑，心中正猶豫不決，適庖官進雞湯，操見碗中有雞肋，因有感於懷。正沉吟間，夏侯惇入帳，稟請夜間口號，操隨口說：「雞肋！雞肋！」惇傳令眾官，都稱「雞肋」。行軍主簿楊修，見傳「雞肋」二字，便教隨行軍士各收拾行裝，準備歸程。有人報知夏侯惇，惇大驚，遂請楊修至帳中問說：「公何收拾行裝？」修說：「今夜號令，便知魏王不日將退兵歸也。雞肋者，食之無味，棄之可惜。今進不能勝，退恐人笑，在此無益，不如早歸。來日魏主必班師矣，故先收拾行裝，免得臨行慌亂。」夏侯惇說：「公真知魏王肺腑也！」遂亦收拾行裝。

於是寨中諸將，無不準備歸計。當夜曹操心亂，不能穩睡，遂手提鋼斧，遶寨私行。只見夏侯惇寨內軍士，各準備行裝。操大驚，急回帳召惇問其故。惇說：「主簿楊修，先知大王欲歸之意。」操喚楊修問之，修以雞肋之意對。操大怒說：「汝怎敢造謠，亂我軍心！」喝刀斧手推出斬之，將首級號令於轅門外。

其實「擾亂軍心」只是曹操殺他的藉口，楊修最大的錯誤應是下列兩事：

一、**揭穿曹操的陰謀**：曹操恐人暗中謀害自己，曾吩咐左右說：「我睡夢中好殺人，在我睡著的時候，你等切無近前。」一天曹操晝寢帳中，落被於地，一近侍慌取覆蓋，曹操隨即躍起拔劍將其斬了。上床繼續睡覺，半晌而起，故意驚問：「甚麼人殺我近侍？」眾以實對。曹操痛哭，命予厚葬。人皆以爲曹操果然在睡中殺人，惟楊修知其意，臨葬時指而嘆曰：「丞相非在夢中，君乃在夢中耳！」曹操知道後，非常恨惡。

二、**傷害曹操的自尊**：楊修入見操說：「適才丞相何慢張松乎？」曹操說：「言語不遜，吾故慢之。」楊修說：「丞相尚容一彌衡，何不納張松？」曹操答說：「彌衡文章播於當今，吾故不忍殺之。松有何能？」楊修說：「且無論其口似懸河，辯才無礙，適修以丞相所撰『孟德新書』示之，彼觀一遍，即能暗誦。如此博聞強記，世所罕有。松言此書乃戰國時無名氏所作，蜀中小兒，皆能熟記。」曹操說：「莫非古人與我暗合否？」令扯碎其書燒之。

這兩件事是最令曹操無法忍受的，但曹操奸詐，他在意歷史的評價，自然不想爲這兩件事而殺楊修。楊修教隨行軍士收拾行裝準備歸計，正好給曹操逮到機會，其就地正法，如何能免？

次談彭德懷，彭德懷以「平江暴動」起家，是紅軍中一員驍將。在韓戰中出任抗美援朝志願軍司令員，戰功赫赫。後來因目睹「人民公社」的種種倒行逆施，帶給人民災亂，於是在一九五九年七月中共在廬山舉行八屆八中預備會議時給毛澤東寫了一封信，因而激怒了毛澤東，同月廿三日毛在會議中以無比激憤的態度反擊彭德懷，並給彭扣上「裡通外國企圖篡黨奪權」的大帽子，使其一下子失去了軍委第一副主席、國務院副總理兼國防部長的寶座。一九六六年底被江青等人指示紅衛兵將其從成都押回北京進行批鬥，終於成殘成疾，而於一九七四年十一月離開人世。

在其離開人世之前，我想他做夢也想不到他真正被整的原因。因爲他一直爲毛澤東加給他的帽子辯護，並給黨中央寫了一封八萬言的長信，就強加在他頭上的罪名和不實之詞依據事實一一加以澄清。表面看來，似是彭德懷一九五九年寫給毛澤東的那封信觸怒了毛，但他的那封信真有那麼嚴重嗎？

有人問周恩來對彭信的看法，周說：「這封信沒有什麼嘛！」

至於劉少奇的看法呢？劉在一九六二年一月召開的擴大中央工作會議上也講：「廬山會議上彭德懷信中所說的一些具體事情，不少是符合事實的，一個政治局組向中央主席寫一封信，即使信中有些意見是不對的，也不算犯錯誤。」

既然這封信並沒有毛澤東所講的那麼嚴重，何以毛澤東要借題發揮呢？筆者認爲關鍵應是彭在任抗美援朝志願軍司令員時，未能將毛澤東最喜愛的長子毛岸英保護好，而讓他被美軍飛機扔下的汽油彈活活燒死。毛澤東同意毛岸英去朝鮮打仗，原本是作秀的，目的在鼓勵士氣，作司令員的，怎能不考慮他的安危？英阿戰爭時，英王子安德魯不也是去過戰場麼？那也是作秀的，也是在鼓勵士氣，但英國指揮官則是小心翼翼地，保護王子到戰爭結束。

毛岸英死了，毛澤東儘管心裡不爽，但不便發作，因爲同時死於朝鮮戰場的還有數十萬中國人。但事後必然越想越氣，尤其在次子毛岸青發瘋、三子毛岸龍失蹤、自己又垂垂老矣的時候，更會想念死去的長子。據說這時候的毛澤東，常常自言自語發出哀鳴：「始作俑者（參加韓戰是他決定的），其無後乎？我無後乎？！」他既然憂心無後，這筆帳自然要記在彭德懷身上，彭之被整，如何能免？

可見彭德懷之被整，並非真的源於他在一九五九年七月給毛澤東寫的那封信，就如同楊修之被殺，亦非真的源於他造謠擾亂軍心，因爲毛澤東之於彭德懷、曹操之於楊修，早就有整、殺之意了。只是曹操還在意自己的歷史評價（有生之年不敢取漢而代之），找的理由無懈可擊；而毛澤東則在急於整彭的心理下，硬是把一封極爲普通的信說成十惡不赦，作爲整彭的藉口，顯然是難以令被整者心服的。

狄仁傑與周恩來

狄仁傑與周恩來，他們雖處於兩個不同的時代，但卻有相同的背景。例如：

一、他們都得侍候一個翻臉無情、殺人不眨眼的魔王：前者是武則天，後者是毛澤東。

二、他們都曾位極人臣：狄仁傑以鸞台侍郎同平章事參與樞要，爲武則天左右手；周恩來則在毛共政權成立後，一直擔任國務院總理，直至病死。

三、他們都對當時的獨裁暴政發生了緩和作用：因爲狄仁傑的敢言諫諍，挽回了武則天許多不當的措施；因爲周恩來的補漏洞、打圓場，糾正了毛澤東一次又一次闖下的大禍。

四、他們都不認同其輔佐對象的想法與作爲：狄仁傑一直心存唐室亟思匡復；周恩來則處心積慮要解決毛的幫兇「四人幫」，甚至臨死前還不忘向葉劍英交代：「大權不能落在他們手裡」。

五、他們都是在自己死後由所安排的人完成其目標：狄仁傑死後不到一年，便由張柬之等主導政變，逼迫武則天傳位太子；周恩來死後不到一年，則由葉劍英等藉開會爲由，把「四人幫」一個個逮捕。

茲就兩人事蹟分別介紹如次：

先談狄仁傑，狄仁傑是唐太原人，高宗初即累遷至大理丞，先後擔任過江南巡撫使及幽州刺史，政聲卓著，民心歸附。武則天掌權大肆殘殺之時，他能免於災禍，主要係因其足智多謀，善於自處，何時當言，他拿捏得極有分寸，故能屢躓屢起。聖曆元年，武則天將其召還朝中，以鸞台侍郎同平章事參與樞要，居位以收拾人心、安定政局及舉賢為務，尤以調護武則天與其親子間感情方面發生了很大的作用。

當武三思企圖奪取皇嗣地位，而武則天也想立武三思為太子時，狄仁傑便以姑姪母子之喻動之。他說：「文皇帝（太宗）櫛風沐雨，親冒鋒鏑，以定天下，傳之子孫，大帝（高宗）以二子（中宗、睿宗）託陛下，陛下今乃欲移之他族，無乃非天意乎！且姑姪之與母子，孰親？陛下之(傳)子，則千秋萬歲後，配食太廟，承繼無窮；之姪，則未聞姪為天子，而祔姑於廟者也。」武則天感悟，遂迎盧陵王於房州，正式冊立為太子，唐祚賴以匡復。

狄仁傑雄辯滔滔，深得武則天信任，他在位時，武則天曾要他推荐人才，狄仁傑便推舉了張柬之、恒彥範、敬暉、姚元崇、袁恕己等，這些人和狄仁傑一樣，表面上受了武周的官位，內心卻仍忠於唐室，當狄仁傑逝世、武則天臥病之時，這些心懷唐室的朝臣便密謀政變。

神龍元年正月，宰相張柬之、鳳閣侍郎崔玄暐、中書右丞敬暉、司刑少卿恒彥範、相王府司馬袁恕己等，聯合右御林衛大將軍李多祚、左威衛將軍薛思行等發動政變，率左右御林軍五百餘人控制玄武門，擁太子中宗進入內宮，直至武則天臥病的長生殿，斬張易之、張昌宗於廊下，然後入見武則天，請其傳位太子，以順人心。武則天無奈，只有正式讓位中宗，睿宗旦改相王，唐室王公子孫都蒙赦回朝，恢復原來的爵位。這次政變，由於張柬之策劃周密，不過半小時，一切行動即已完畢，距狄仁傑逝世不到一年。

次談周恩來，周恩來是浙江紹興人，生於晚清，成長於民國，發跡於中共。他一九一九年考入南開學校大學班，次年轉赴法國勤工儉學，一九二四年回國後，任中共兩廣區委常委兼軍事部長，一九二六年到上海，任中共中央軍委書記兼江浙區委軍委書記，一九二七年兼中央秘書長、中央臨時政治局常委，一九二八年出任中央政治局常委、中央組織部長和軍委書記，參加中共中央工作。一九三一年進入中共江西根據地，任紅軍總政委兼紅一方面軍總政委及中央革命軍事委員會副主席，一九三五年在中共所謂長征（其實是長跑）途中的遵義會議上，他支持毛澤東的主張，擁護毛擔任中共實際領導，從此長期在中共黨政軍屈居毛澤東的副手。

周恩來作了二十七年的國務總理，相當於以前的宰相，但土共出身的毛澤東，卻撇開周的國務系統，親自指揮經濟，以土法鍊鋼的方式蠻幹，使得周恩來完全沒有施展自己抱負的機會，只有一而再、再而三地爲毛澤東闖下的大禍收拾殘局。

儘管周恩來在毛澤東之下，伴君如伴虎，做得非常辛苦，尤其在文革期間，他隨時有被鬥倒的可能（四人幫批林批孔，志在周公），但他仍盡力保護了一些老幹部，例如參加所謂「二月逆流」的老帥陳毅、葉劍英、譚震林、李先念等，都在他的力保下免於被批鬥；又當毛在會議中表示了一點悔意說賀龍、羅瑞卿與楊尙昆都是「好同志」時，他抓住機會立即採取行動，把毛說的「好同志」，還活著的就立刻復位，已死的賀龍就恢復他的名譽。

周恩來在世時，毛澤東不曾像武則天尊重狄仁傑一樣尊重周恩來，也不曾要周恩來推荐人才，但周恩來自會在適當時機安排適當人才在不同崗位上，例如經濟有問題，他安排了李先念；對付「四人幫」，他安排了鄧小平、葉劍英。這些人後來也像張柬之一樣，果然發生了作用，在周恩來、毛澤東相繼死後，由於葉劍英策劃周密，前後不到一小時，在不費一槍一彈、不流一滴血的情形下，以召開臨時政治局常委會議爲由，就將四人幫輕輕鬆鬆解決了。距周恩來逝世不到九個月，距毛澤東逝世不到一個月。

有人認為葉劍英只敢在毛澤東死後動手，顯然是葉劍英不及張東之的地方。這是不瞭解葉劍英與張東之當時所處環境之故。武則天以周代唐，正當性本來就有問題，張東之發動政變，請其傳位太子，乃名正言順之事，自可在武則天臥病無力還擊時下手；而毛澤東則是為中共打下天下的人，是一個被神化了的暴君，且一直掌控軍隊，在他未死之前，誰也沒有力量與他抗衡，這就是為甚麼周恩來在世時必須對毛屈從的道理，也就是為什麼毛雖重病葉劍英仍不敢輕舉妄動的道理，否則他們的下場也必會像彭德懷、劉少奇、林彪一樣（其中劉、林都是神化毛澤東的馬屁精，劉少奇是最先建議將毛澤東思想列入中共黨章的，林彪則是「語錄不離手，萬歲不離口」，把毛神化後，老百姓受害，他們自己也受害），對整個大局毫無助益。

趙構與李登輝

將李登輝與宋高宗趙構相提併論，不僅因爲他們兩人「意外得位」的情況相若，而更重要的是他們兩人有一個共同點——「不求勝」。

先談趙構：

宋高宗趙構南渡之初，舉國上下義憤填膺，兼以岳家軍在朱仙鎮大捷，一時士氣如虹，眼看恢復中原迎還徽欽二帝指日可期，無奈趙構一念之私，只求保持一己君位，乃默許秦檜一日十二道金牌召回岳飛，並以「莫須有」罪名處死。因爲徽欽二帝，一爲其父，一爲其兄，兩人還朝之後，趙構還有皇帝可做麼？故其抗金政策，原是「不求勝」。正如文徵明春秋之筆（「滿江紅」後段）所寫：

「豈不念，封疆蹙？豈不念，徽欽辱？念徽欽既返，此身何屬？千載休談南渡錯，當時自怕中原復。笑區區一檜亦何能？逢其慾。」

次談李登輝：

李登輝身爲國民黨主席，現在國民黨北、高兩市市長候選人難產，遲遲提不出人選，在民調中勝選希望較低者，固不願當砲灰；而民調中可以打敗長扁者，又不為當道所喜，自不會支持其參選。因爲李登輝與趙構一樣，其政策也是「不求勝」。否則豈不與其政權和平移轉目標相違？現黨內主張徵召民意支持率高的人才參選北、高市長者，就如同當年力主恢復中原的岳飛，忠則有餘，識人則不足，因爲他們太不瞭解李登輝的心意了（註一）。

茲就文徵明以上所寫「滿江紅」後段略易數字，以視今之李登輝：

「豈不念，版圖蹙（執政版圖越來越小）？豈不念，敗選辱？念黨如不毀，何能暗獨？千載休談提名錯，當時自怕失土復。笑區區一信（註二）亦何能？逢其慾。」

（註一）李登輝後來還是出人意料地拉起馬英九的手，據陳文茜分析，並非他有愛於黨、有愛於小馬哥，而是他必須鞏固一切力量對付宋楚瑜。二〇〇〇年總統大選，儘管他用盡了一切手段，宋楚瑜還是未被擊倒，他乃故技重施，再玩棄保把戲，讓他的好朋友都公開挺扁，自己表面上為連戰站台，而矛頭則單挑宋一人。結果忠厚的連戰被他出賣了，國民黨數十年的政權被他斷送了。而他竟沒有愧咎，沒有自責、自省；還以「外來政權的代表」未選上而欣慰，而沾沾自喜。目前李登輝及其李系餘孽，或需新政府保護，或想弄個官位，還不時與執政黨勾搭，繼續在扯國民黨後腿。

（註二）信者，許信良也。他在民主黨黨主席任內雖然贏得縣市長選舉，但黨人心知肚明，是國民黨內有人放水，功不在他（笑區區一信亦何能），所以儘管勝選，還是被逼下台。

毛澤東與李登輝

毛澤東與李登輝，一個是神化了的暴君，一個是披著民主外衣的皇帝，兩人在性格上、作風上有許多神似之處，茲比較如次：

一、**獨裁專斷**：

毛澤東獨裁專斷，一言定乾坤，沒有商量餘地，誰不同意他，就打倒誰。彭德懷講了幾句真話，反映了「大躍進」的缺失，他馬上給彭扣上「裡通外國，企圖篡黨奪權」的大帽子，將彭打倒。

李登輝也是獨裁專斷，口諭憲法，他慣用的一句話：「我說了算」；他喜歡的人：「沒有聲音的人」。總統選舉方式原規劃委任直選，他可以一夕之間急轉彎變成公民直選，使得李元簇、施啓揚、馬英九一陣錯愕；豬瘟口蹄疫事件後，經濟部長、農委會主委異口同聲要檢討高污染的養豬政策，但李登輝一句話，馬上又回到了原點；援助科索伏經費，外交部長剛在立法院保證不超過一千萬美元，但李登輝未經諮商，在記者會中一下子增爲三億美元，使得外交部長灰頭土臉，被立委轟得滿頭包。

二、不講誠信：

毛澤東是最不講誠信的，他發動「百家爭鳴，百花齊放」，鼓勵知識份子大鳴大放講真話，知識份子講了真話後，他馬上變臉，使得上萬的人頭落地，數十萬的知識份子被關。人家批評他搞「陰謀」，他辯稱是「陽謀」，是「引蛇出洞」。

李登輝也是最不講誠信的，他與李元簇搭配選總統時，信誓旦旦說只幹一任退休，但後來還是繼續參選；他向選民承諾副總統不兼行政院長，但後來仍讓連戰照兼；他說他卸職後最想到山地部落裏去當傳教士，現在他卸職一年了，實際上是只想打小白球、繼續興風作浪。因為他慣於說一套做一套，所以儘管他公開宣稱反對台獨一百多次，大家還是不相信。最滑稽的是他居然期勉畢業學生為人處事首重誠信（撰稿人可能故意使其自諷），這就像貪官講清廉，娼妓談貞操，讓人笑掉大牙。他的風格，前立委陳癸淼批評得最為恰當：「想到就說，說了就錯，錯了就賴，賴不掉就生氣、整人。」

三、不容挑戰：

毛澤東是「君榻之側，豈容他人安睡！」誰要做他的二把手，誰就面臨被打倒的命運。毛第一次選的接班人是劉少奇，但劉少奇後來以「第一號走資派」被打倒，甚至被折磨至死；毛第二次選的接班人是「親密戰友」林彪，並在八屆十二中全會正式列入黨章中，但林彪後來也被逼駕機出亡，摔死外蒙（究爲摔死抑係飛彈擊中，至今仍爲謎團）。

李登輝也是「君榻之側，豈容他人安睡！」他初選李煥接行政院長，趕走俞國華；不到一年，又提名郝柏村任行政院長，趕走李煥；再提名連戰爲行政院長，趕走郝柏村；本書付印時，他又連出兩本書，痛批連戰。他和行政院長之間，需要時「肝膽相照」，不需要時「反目成仇」。甚至連擁立有功的宋楚瑜，只因民間聲望日隆，他擔心葉爾欽效應，於是勾結民進黨把省廢了，將宋連根拔除。

四、不重法治：

毛澤東是最沒有法治觀念的，他一張大字報，就可以把國家主席和黨的總書記全部撂倒，完全不須經過一定的程序；中央常委班子改組，既不開政治局會議，也不開常委擴大會，全由他一人欽定；他要增補江青、葉群、張春橋、姚文元爲中央委員，陶鑄反映有同志要求先修改党章（因超過規定名額）。毛澤東眼睛一瞪：修改甚麼党章？誰的要求？周恩來怕毛生氣，只好緩頰說：先照主席指示增補，以後再提代表大會追認。在毛看來，他的話就是聖旨，党章、國法還能約束他麼？

李登輝也是最沒有法治觀念的，「法院也是國民党開的」，此語雖係出自他的党秘書長之口，但也反映了他當政時的實際狀況。他只爲自己擴權，把一部國家根本大法，十年內修改六次，修得不三不四、不倫不類，打破世界上民主國家修憲的記錄。二〇〇〇年總統大選，他爲了封殺宋楚瑜，幾乎用盡了一切手段，其狗腿子掌控的黨文宣及一些仰體上意的馬精們，固是昧著良心全力抹黑宋楚瑜；而國家機器如財政部、監察院、情治機構等，也被其視作東廠，用爲整宋的工具；並動用稅務單位補稅億元嚇阻吳伯雄投向宋營；要台北地檢署在選前兩天傳訊宋楚瑜，以影響選情。只是這最後一招，在一位有正義感的檢察長拒絕配合下未能得逞。可見其無視行政中立、踐踏司法，已到了毀法亂紀的地步。

五、不擇手段：

毛澤東以權謀著稱，他爲了奪權，幾乎是不擇手段，經常拉一幫打一幫，甚至不惜挑起省籍情結，因爲三十年代當兵者以湖南人居多，所謂「無湘不成軍」，他便以「湖南人打天下，浙江人做官」的耳語，離間軍人與先總統的關係。「文化大革命」時，他更以體制外的「紅衛兵」，衝擊體制內的黨政軍，使得數以千計的「革命老同志」被打倒、被羞辱。

李登輝也是以權謀著稱，他爲了奪權，也是不擇手段，也是不惜挑起省籍情結，尤其是挑起省籍情結，他更是食髓知味，樂此不疲，鬥「老賊」，鬥同志，幾乎都是使用此一法寶。他甚至當面問新黨國代：「你們是不是反對台灣人做總統？」其實他何嘗不知道新黨支持的林洋港也是台灣人，而且是比他更正港的台灣人，他這一問，目的自在分化離間。郝柏村的治安內閣做得有聲有色，李為了趕郝下台，不惜透過「集思會」與民進黨勾結，一唱一和，節節進逼，郝柏村固然是被打下來了，不過作鷹犬的「集思會」打手，也在選舉中被黨員及選民唾棄；僅有一個姓黃的勉強吊車尾補上立委，其餘全軍覆沒。（按集思會之與李登輝，就如同四人幫之與毛澤東。四人幫被捕後，江青面對審判官說：我只是毛主席的一條狗，他叫我咬誰，我就咬誰。）

六、不恤民命：

毛澤東掌權的時候，他發動一次又一次的運動，如「三反」、「五反」、「三面紅旗」、「反右傾」、「大鳴大放」及長達十年的「文化大革命」，搞得民不聊生，社會動盪不安，造成數以百萬計的冤案，砍了數以千萬計的人頭，他還洋洋自得：「與人鬥，其樂無窮。」

李登輝掌權的時候，與黑金掛鉤，弄得整個社會生病，擄人勒索，搶劫強盜，強姦殺人，重大刑案無日無之，甚至縣長被殺、立委被囚、婦運幹部被姦殺，治安惡化到連警政署長的女兒都不敢坐計程車，行政院長夫人也不放心子女出門。因女兒被綁票的藝人白冰冰曾公開呼籲李登輝：「在致力於國際外交的同時，看看我們的治安！」但這個小婦人敬愛的總統照樣揮桿，且抽調一部份辦案警力護衛其揮桿；也照樣搞修憲擴權，媒體並為此改寫唐詩：「政客不知百姓痛，山上猶談大擴權。」真是泣血之作，寫得非常傳神。最近李登輝只為想繼續掌權，不惜置他的頭家於險境，提出「兩國論」激怒中共，以創造停止總統選舉的藉口。幸虧在老美施壓下沒讓亂子鬧大，事後他還瘋言瘋語說：「鬧得愈大愈好！」我的天，他是在拿兩千兩百萬同胞的生命開玩笑！

看以上幾點，李登輝都近乎毛澤東，且都不遜於毛澤東。如果毛澤東未死，一定會對李登輝說：「今天下英雄，惟使君與潤之耳！」李登輝聽了，當然不致像劉備一樣嚇得匙箸落地，甚至還有點不屑，因為他除了殺人如麻及亂搞女人不及毛澤東外，其累積財富的能力，則是毛澤東望塵莫及的。

毛澤東殺人如麻，其殺人之多，依據林語堂的統計，僅次於史達林，約為三千萬人；美國參議院一九七一年發表的資料，則為六千三百七十萬人。李登輝無此氣魄，應是時代使然，如果時光可以倒流，他可以一句話就人頭落地，我想被他恨得牙癢癢的新黨諸君子以及黨內一些不識時務的非主流，他是不會留情的。至於亂搞女人，毛澤東是出了名的淫棍，年輕婦女被他糟蹋的不知凡幾，尤其是稍具姿色被他相中的文工隊員，沒有人能逃得了他的魔掌（還美其名是為領袖服務）。李登輝無此能耐，這點應與他掌權太晚有關，力有未逮，如果他能夠年輕些，當個風流天子，我想他不見得會輸給毛澤東的。倒是累積財富，毛澤東不得不甘拜下風，李登輝作了不到六年的總統，就有能力贈給孫女一棟上億的鴻禧別墅；毛澤東當了幾十年的土皇帝（從遵義會議掌權至死亡之日共四十一年），竟無片瓦留給子孫，顯見在這點上，毛澤東較李登輝是差得太遠太遠了。

專欄作家諸葛更亮先生點睛：

江南風先生，以「毛澤東與李登輝」為題，指李登輝有些作風和毛澤東相似。諸葛更亮從另一角度來看，老毛有的，小李子不一定有。例如……

一、老毛會詩詞，小李子不會。

二、老毛的「一言堂」沒人敢反對，小李子的一言堂，在野黨立委經常唱反調。

三、老毛不排斥任何省籍、任何派系的人才，小李子一向不問是否人才，只知排斥「非我族類」，包括省籍人士如林洋港在內。

四、老毛死後依舊被奉為革命導師，小李子將來蒙主寵召後，八成會被打入「反革命」的歷史垃圾堆。

開會

開會有許多妙用，最常見的是：

可以藉開會逐客：「對不起！我還要參加一個會。」這時客人就是再想多聊，也不能不走。

可以藉開會作擋箭牌：「晚上上那兒去哪？」「還不是開會！」要是那口子盤問，你可以堂而皇之。雖然明明是去了酒家，她也無可奈何。

可以藉開會出差：既可以報銷旅費，又可以偷閒休假；如果家在台北，人在台中，更難得有此機會和家人團聚。

可以藉開會顯示身份地位：如果今天開會，明天也開會，上午有會，下午還有會，這個人身價不會只有二錢。

此外，開會還可以用來逮捕政敵：例如馬林可夫逮捕貝利亞；華國鋒、葉劍英逮捕王洪文、張春橋等人，都是藉開會讓對手在毫無警覺下束手就擒。

開會最怕的是疲勞轟炸，主管長官的開場白或結論講評，佔去的時間總嫌太長。有一種人上台講話，初聽起來好像很乾脆：「我只有一點……」但後來不知怎的講得興起，又「另外一點……」「還有一點……」「最後一點……」甚至意猶未盡，還來個「補充一點……」聽的人就這樣莫明其妙的被他轟了「五點」。

對付這樣的人，有的人主張閉目養神：你轟你的砲，我睡我的覺。有的人主張另開小組會：你說你的，我說我的。而我則每每利用這個時間寫稿，講的人不但不覺得我有半點輕蔑之意，通常還以爲我在認真筆記。記得生平有過一次殊榮，有一位大人先生致完訓之後，居然感激得走過來和我握手，使得我慚愧萬分。

以前我曾見過一幅外國漫畫，標題是「看你能講多時？」畫中一個持講稿的人正在叨叨不絕，與會的人，有的打盹，有的擠眼，有的拿紙筆畫符，坐在講演者身旁的一位，更不耐地劃燃一根火柴在燒講稿。可惜這不是一套卡通或電影，未能看到講演人驚見講稿被燒時的尷尬情狀。可見又臭又長的裹腳布之爲人所討厭，看來是中外一律。

台北的會議之多，向來是首屈一指，如果有一個地方，門口停滿了轎車，不用說，那兒又在開會。這種會通常是裏裏外外都有；大人先生們在屋子裏開會，司機先生們在屋子外開會。

開會講起來，總不外訓與聽訓，講與聽講，有時候是你去訓人，有時候是接受人訓，有時候是自己發表謬論，有時候是傾聽別人高見。比較起來，還是嚴肅的多。輕鬆的也有，像交誼會、聯歡會、酒會、舞會等，甚至還有機會婆娑起舞，這樣的會，自然是多多益善。最痛苦的怕要算是列席開會，別人講的與你無關，你想講的又插不上嘴，坐冷板凳究不比坐牌桌，一分一秒都覺得格外艱難。如果列席的竟是議會，尤其頭痛，一旦連遭砲轟，既不能拍桌，又不能衝冠，只急得「汗珠拭不盡，砲火轟又生。」滿頭大汗，揩個沒了。

開會總少不了一個主席，主席是個痛苦的差使，所以一上台就要拜託：「請各位多多捧場！」主席最難的是控制發言，人總不像機器那麼聽話；要動就動，要止就止。他不講時，你怎樣懇請拜託，依然是鴉雀無聲，一片死寂。他高興講時，桌子擊破了，他還是如江河泛濫，一瀉千里。通常一次主席幹完，總要弄到聲嘶力竭，就是休養三天，也未見得能夠復原。

開會也少不了一個記錄，記錄也是個痛苦的差使，要聽，要想，要速記，甚至還要代人捉刀。作主席是唯恐人家沉默不語，作記錄則唯恐人家講得太多。

開會總要準備一些水果點心，不知是誰的發明，對於調節會場氣氛，確有不少幫助。

不過我總覺得不如改發襯衫，先來者一人一件，後來者沒有，這樣遲到的可能會少些。如果會後還有紀念品可領，這樣簽名就走藉故開溜的，可能又會少些。不過這些年來，有些單位開會還有「出席費」可拿，這就更高明了。據說這出席費是針對公務員支領兼職車馬費不得超過兩個的規定而設計的，既不得超過兩個，那麼有三個以上兼職的人豈非白兼？於是換個名目改發「出席費」，真是上有政策，下有對策。

開會最糟的是開始，一般人都不願首先「發難」，所以開始時總是面面相覷，互存觀望。自然，人的隋性是最重要的因素，有的人屎不到門口不脫褲，要講的可能尚在搜索枯腸之中。有的人本來就只打算來會場應卯，對你事先寄去的開會資料，可能原封未動尚未過目。有的人可能兼職太多，像今日某附馬爺兼職三十餘個的情形下，即使有三頭六臂，也難分出精神細究開會內容。不管是那種情形，開會無人發言，對主席來說，總是非常困窘。

據說有位首長主持一個會，眼看水果點心將盡，與會的人依然不發一言，正是一籌莫展之際，不料那位先生適於此時放了個響砲，引得全場哄笑起來。這位首長自是尷尬異常，不過他倒是有點學養，等大家笑完之後，他笑著說：「各位有屁儘管放！有話儘管說！」總算很老練的處理了這種場面，話匣子也就因而打開。

這兩句話的確很棒，「有屁儘管放！有話儘管說！」似亦可作開會的註釋。

光桿

有家累的人，對於無家一身輕的光桿子許是有幾分羨的。光桿最值得自豪的，莫過於「一人吃飽，全家不餓。」他永遠不會爲米價的起跌擔心，也沒有雞毛蒜皮的瑣事可以使他頭痛。有錢的時候，他可以盡興的吃喝，沒錢的時候，牙根一咬也就過了。而且光桿行動自由無拘無束；他們有什麼應酬了，不需要向誰報備。回家遲一點，沒有人查問他：「一天到那兒去哪？」在家裏待著，也沒有人指揮他：「缸裏的水還沒有儲夠哩！」沙發上一躺，更沒有人埋怨他：「孩子吵了，也不知道抱一抱！」大清早看報紙，也不會有人抓公差，把大堆的青菜毛豆送到面前來。除此以外，我想光桿生活值得一般人稱羨的也就不多了。

只要是光桿，除了極少數以外，大概都離不開窮。所以他們與當舖的老闆，多少有一點交道。當舖是他們的保管箱，他們如果有一兩樣值錢的東西，這東西會在當舖與他們自身之間流來流去，像水一樣的循環。光桿的收入也許和你一樣，但他們卻人人比你會花，所以一個光桿，其能夠不透支的，這是第一等；僅僅寅吃卯粮的，這還是第二等；只是這兩種人，在光桿之中爲數極微，不幸的是三等以下拖一屁股爛賬的，卻佔絕對的多數。

光棍的生活通常不正常：他們睡覺沒有一定的時間，吃飯也沒有一定的量，作息更沒有一定的規律。如果他是一個畫家，他稱被子不叫「被蓋」，而叫「被窩」，他永遠不會疊被子，始終保持「窩」的圓渾，睡的時候他一鑽就進去，不睡的時候，他一爬就出來。如果他是一個詩人，他一定像個瘋子，他可能半夜三更從床上躍起，發神經地扭開電燈，說是「捕捉靈感」，說是「不讓靈思輕輕地遺失」。如果他是一個小說家，他會當掉所有，去和舞女、酒女乃至咖啡女郎鬼混，他認爲沒有強烈的刺激，就不會有「偉大的作品」，只有枕在女人的大腿上，他才可以「倚馬萬言」，才可以「妙筆生花」。

光棍穿衣服也是很奇怪的，在顏色的選擇上，他們是「非深即淺」。理由很簡單，深色比較耐髒，他可以穿上一年半載，而不需要下水；至於淺色衣，據說是洗的時候比較好找「重點」，他不會翻來覆去摸不著邊際。這是光棍哲學，是不足爲外人道的。

光棍用的臉盆，用途最多，可以洗面，也可以洗腳。如果他是在軍隊服役，必要時還可以盛菜裝湯。

有些光棍的褲口袋，管保是見不得人的，白的變黑固不必說，而且內容豐富，不止是有碎紙、有花生皮、有吃剩了的桃酥或餅乾屑，甚至還有蟑螂撒下來的屎，總之，它幾幾是與公園裏的垃圾箱同內容，祇差未寫上「果皮紙屑，請投此袋」的字樣。

光桿的住處，通常是光怪陸離，無奇不有，譬如有的竟連床簷邊也結了個大大的蜘蛛網，有的毯子下面還可以找到發了霉的香蕉皮，有的鞋子裏頭竟能摸到幾隻還沒有睜開眼睛的小老鼠，至於床鋪上擺雜貨攤、開拍賣行的，那更是觸目皆是。

光桿之中，蓄鬍子的是最髒的，在他們黑色的森林裏面，不僅有塵垢、有油膩，甚至還可能有生物。

光桿好睡，是白天睡，而不是晚上睡，他們晚上可以作夜遊神，可以蓬折通宵，而白天他們則要睏到日上三竿，甚至在辦公室裏還要偷偷地來上一小時的瞌睡。光桿好吃，是大嚼，而不是小品，他們胃口大，高興的時候，他可以一頓吃下三日糧，現在吃到飽的飲食文化之所以流行，光桿應是始作俑者。光桿最忙，他們的兩條腿，用在跑的時候居多，他們不喜歡待在家裏，除了睡覺以外，即使在家裏待上一個小時，他們也認為是坐牢；他們的心會跳，會悶得慌，他們的屁股也好像長了釘，坐不穩。

幾個光桿在一起，女人是他們最好的題材，他們談女人是從他們最接近的同事開始，旁及其他。他們討論的範圍很廣，興趣也很濃，除了吃大塊的肉以外，沒有一個問題能比談女人更使他們津津有味。他們對女人有另外一種稱呼：稱「水」，是賈寶玉所說的「水」，不是「禍水」的水；也稱「老虎」，是小和尙嚮往的老虎，不是吃人的老虎。他們找女人也有另一種說法：一般人說是「找刺激」，寫文章的人則說是「找靈感」。

幾個光桿走在大街上，也是一種罪過，沒有一個少女能逃掉他們的眼睛。他們看得很澈底，他們批評得也很苛刻。你也許會以爲這樣未免失禮，他們還認爲這是一種施捨，是給女人心理上的滿足。

光桿最害怕洗衣，他們洗衣的時候，肥皂花得最多，力氣用得最大，而洗出來的東西卻最不澈底。他們在女人面前，向來以「英雄」自居，可是僅僅是一雙襪子一件內衣的洗滌，就可以使得他們叫苦不迭，英雄變成猴子。有些光桿之所以急急於要脫離「棍籍」，他們真正的用意很可能是厭倦了洗衣。所以甫結婚的光桿，當新娘第一次幫他洗衣的時候，他一定是站在一旁看，作壁上觀。他的嘴角露著笑，勝利的笑。他的心裏在說：「好！這撈什子玩兒，以後該是妳的哪！」

以前我曾經聽過兩個笑話：有一位剛接婚的光桿，當他的新娘不斷敦促他換衣服的時候，他感到很奇怪：「怎麼，內衣也要天天換？」又有一位光桿仁兄，當婚後第一天，看到新娘大清早疊被子，他卻在一旁發愣，問新娘：「今晚妳不準備睡哪？」這兩個笑話，當時我確是當作笑話聽進去的，待現在見聞日廣，覺得也並不奇怪，光桿之中，我發現多著哩！

一般說來，光桿是可以用幾個字來代表的，第一是懶，第二是髒，第三是窮，第四是饞，至於其他的特徵，大概也不會比這幾項更突出更普遍了。唯不知稱孤道寡的光桿諸君，亦有此同感否？

畫家

世界上有兩種人最髒：其一爲詩人，其二就是畫家。不過兩者之中，我覺得畫家尤甚，有人說：「畫家洗一個澡，可使一盆水變色。」這句話證之若干作畫的朋友，你會發覺豈止於變色，簡直要變成泥漿。一般說來，畫家最髒的地方，應推那一雙五彩繽紛的手，這雙手一兩盆水絕對無濟於事，大有非濯「手」萬里流，不足以洗個乾淨。畫家髒，所以有潔癖的少女，很少會與畫家結婚，如果有一個畫家竟娶到一個有潔癖的妻子，而又能終身廝守，那是奇蹟，在中國不多，在外國也很少見。

畫家之中，除了少數作國畫的朋友，長衫羽扇，看來還算整潔瀟洒外，大多數都令人噁心，時別是作油畫的朋友，他們的一張臉，通常頗類於戲台上的丑角；永遠塗著不規則的顏料。穿在他身上的那一套衣服，常是有紅有紫、有黃有黑……大概只有油漆店的小學徒可以和他媲美。

畫家的頭髮總是蓄得長長，鬍子總是留得深深，乍看之下，很像是竄藏在深山的逃犯。如果他是穿西裝的，他的領帶定是結得鬆脫脫的，活像個醉鬼。我國的名士風，在兩晋曾盛極一時，但後世文人中，承其餘緒的，便只有畫家。畫家之不修篇幅，因爲專心於畫事的固然不少，不過你如仔細觀察，可能會發現，有意蓬首垢面故作藝術狀的恐怕更多。

髒之外，畫家也最懶，除了作畫以外，食衣往行，甚少能引起他的注意。作者在「光桿」一文中有如下一段：「如果他是一個畫家，他稱被子不叫被蓋，而叫被窩，他永遠不會疊被子，始終保持窩的圓渾；睡的時候，他一鑽就進去，不睡的時候，他一爬就出來。」這話並沒有絲毫誇大，實際上是現任某大學藝術系主任的一位知名畫家的生活素描，當年他在林口服役和筆者同一寢室時，就是這個樣子。所以光桿子畫家，除非有佣人代爲整理，否則他的床上準是一團糟。

畫家的想像力通常都很豐富，尤其是印象派畫家，縱橫幾根線條，他可以寫個標題叫做「思」；隨意勾幾個小蝌蚪樣東西，他的標題竟是「舞」，反正參觀者決不肯自外於藝術，就是不懂也要裝作懂。這般人看了畫也會指點批評，不過我發現如此人看如此畫，十之九是以觀書法的眼光去欣賞，如果畫中有幾筆蒼勁有力，在他們的評價中，這幅畫定是佳構。因此印象派畫家之中，如有人深得個中之妙，以筆代箭，以畫布作靶，包管名利雙收。

畫家多半有幾分傲氣，人看他是個怪物，他看人俗不可耐。他們的個性，既不通達，又欠隨和，像兒童一樣，充滿了「真」，因此在虛僞的成人社會裏，一個畫家，很不容易獲得一般人的諒解。畫家的心境，似乎都過份的靜，心如止水，如果在郊外作畫，他一畫就是一天，不知道肚子會餓。如果在市區作畫，任你人來人往、熙熙攘攘，這一切好像與他無關。如果在室內作畫，一絲不掛的模特兒，在他面前幌來幌去、搔首弄姿，他好像是塊木頭，一點也不動心。

畫家這頭銜，對年輕人是個很大的誘惑，一個人在年輕時大概都曾作過畫家的夢，看「四才子」一書中，唐伯虎在扇子上隨便一揮，即可換得若干兩銀子應急，誰不覺得畫家大有可爲。可是現實社會完全兩樣，窮人腦袋裡裝的都是柴米油鹽醬醋茶，有錢人腦袋裡則塞滿了珠寶鑽石公債股票，權勢人家可能也有幾幅字畫補壁，惟一般情形，都是人家送的成份多，自己花錢買的成份少。藝術既是這樣提不起大家欣賞的雅興，因此畫家的境遇都非常坎坷：屋簷下低頭彎腰當眾揮毫的是畫家；地攤上指頭蘸墨輕旋成雀的是畫家；公園裡聚精會神爲路人速寫人像的是畫家；手拿一紙八行書輕叩大戶人家門鈴請求賜購的也是畫家。畫家好不容易完成一幅傑作，但其在升斗小民的眼中，可能還不及花花綠綠一疊鈔票可以療饑。所以畫家之中，難得有一兩個胖子；如有，必不是職業畫家。

不過話說回來，畫家雖不可爲，但作畫卻大有可爲，因爲畫是一門高尙的藝術，沾之即雅。現在社會上有一種人，既有錢，又有閒，養尊處優之餘，唯恐人譏之「俗」，於是乎附庸風雅，對藝術特別熱心，或協辦聯合畫展，或結交畫界名流，其活動往往比之真正藝術界人士尤爲積極。現在職業畫家們窮愁潦到之際，一想到自己所從事的這門行業，畢竟是這麼多知名人物嚮往和追求的對象時，也就差堪告慰了。

麻將

麻將是我國的國粹，這玩兒對於無所事事的有閒階級來說，的確是我國一件偉大的發明，也最足以代表我國的文化。所以國人初登月球，不需要像老外那樣大張旗鼓刻意插上本國國旗；你只要在月球上留下一張麻將，就足以證明有國人去過了。

玩麻將，一般叫做「雀戰」，稱雀戰很有道理，君不見玩牌的人，嘴幾曾停過？有人稱玩麻將爲「游泳」，稱游泳也很有道理，看玩牌的人兩手洗牌的動作，和蛙式游泳的姿勢的確非常神似。還有人稱玩麻將爲參加「四健會」及「方城戲」，這大概是著眼於參加人數剛好四人及砌牌方方正正之故。國內有些地方，玩麻將也叫「折墻」，那齊齊整整的四道墻，折了又砌，砌了又折，國人的時間本來太多，就這樣一折一砌，多少時間都容易消磨。

玩麻將有十三張與十六張之分（也有十二張者，但玩的人不多），前者須事先約好多少番起胡，後者則是推倒就胡。一般說來，段數高的人對十三張情有獨鍾，段數低的人則偏愛十六張，不過目前在台灣仍以玩十六張者居多。玩十六張的好處是公平，誰闖禍誰負責，不用波及另兩家陪著付錢；再就是簡單，不傷腦筋，因此較適合上班族，上班族平常既然忙個沒完，如果休閒的時候還不讓大腦休息，就未免失去消遣的意義了。

胡適先生是不愛玩麻將的，不過因夫人喜好之故，在三缺一的情形下，偶爾也會上陣。他雖不信鬼神，但總認爲玩麻將「有鬼」。其實但凡玩過麻將的人，都知道玩麻將的確「有鬼」，這個「鬼」就是「手氣」。你手氣順時，要甚麼來甚麼，歪打也會正著，即使聽的牌是絕張，也可以自摸胡牌；手氣背時，則完全不進張，要吃沒吃，要碰沒碰，甚至牌聽了老半天，就是胡不下來。這種情形無關技術，說起來就是「手氣」，也就是胡先生所說的「鬼」。

有人玩牌，嘴裡喜歡唸唸有詞，打出去的牌如爲「東」，則唸「小樓昨夜」（又東風）；如爲「西」，則唸「古道、西風、瘦馬」……聽起來文謅謅的，像是在研究宋詞。至於擲骰子抓牌，有人根據出現的數字，也能唸得朗朗上口，例如出現的數字爲「九」，則唸「九，一人一手」；如爲「十三」，則唸「十三，兩把乾」；如爲「十六」，則唸「十六，兩頭湊」……根據他唸的詞兒，就知道如何抓牌。

我不喜歡玩牌，卻偶爾看牌，看牌的好處是無得失之心，輸贏不關我事；而且看牌自由，愛看就看，愛走就走，不必向人討饒。下棋有兩句話：「看棋不言真君子，舉手無回大丈夫。」其中「看棋不言」尤其適用於看牌，一般來說，看牌要使不討人嫌，最好是「封嘴」，不要講話。不過要是骨肉至親舉家赴難的場合，像「紅樓夢」裡的大丫頭鴛鴦在賈母後面看牌，只爲使老夫人胡牌高興，適時向王熙鳳暗示一下，那就另當別論了。

我之所以不喜歡玩牌，是因爲麻將這玩兒，玩了第一次，就不免第二次，碰上「三缺一」的場合，總不忍掃人之興，於是一而再，再而三，不知不覺被拖下了海。其次是上桌容易下桌難，輸的不肯罷手，贏的欲罷不能，不輸不贏的人則尙未過癮，就這樣不玩則已，一玩必然是通宵達旦，有傷元氣。

同時人家也不喜歡和我玩牌，原因有二：

第一、我不喜歡做牌，有吃就吃，有碰就碰，大胡沒有，小胡獨多，如果有人淸一色、雙龍抱等大牌剛剛上路，你恰在此時胡了「屁胡」，他對你真是恨得咬牙切齒。

第二、我打牌是只能顧己，不能顧人，常常「放砲」，一不小心，給人胡了「滿貫」，總會弄得怨聲載「桌」；雖說也有一人感激，但也從不少收我一個籌碼。

爲此之故，所以我很少上桌。

一般說來，先生們多半不喜歡太太玩牌，太太玩牌，贏了還好，要是輸了，常常一連幾天吃不到好菜。不過也有先生鼓勵太太玩牌，因爲太太玩牌，則有志一同，耳根自然淸淨。只是太太們一旦坐上牌桌，孩子們比較不容易見到好臉，小傢伙去了，常見兩種情形：一種是「塞」，拿點零錢打發孩子：「自己買東西吃去！」一種是「吼」，聲色俱厲：「還不快回家做功課！」其實這也難怪，玩牌的人，就是小便脹得發急，也要一忍再忍，何況這些雞毛瑣事。

牌玩多了，眼睛一閉，甚麼筒子、餅子、萬子等等，都歷歷在目，欲隱還現。有的人還會半夜說夢話，斷么缺將……居然在床上算番。有的人在夢裏笑出聲來，不用說，他準是胡了大牌。有的人突然嚷著從夢中躍起，敢情是和誰計算不清，又在摩拳擦掌。只要有以上任何一種情形，對於枕邊人來說，都是一種災害。

玩麻將有許多迷信：一個男人不能和三個女人打牌，那叫做「三娘教子」，男的包輸。牌前也不能接觸書本，書與輸同音，見書就輸。前面三人相繼丟出西風之後，你不要接著打西風，以免「一同歸西」。

玩麻將也有許多禁忌：不要和生人玩牌，也不要和上司玩牌（如爲政治麻將，則屬例外），和生人玩牌彆扭，也容易碰到郎中；和上司玩牌彆氣，碰上不講理的，難免吃癟。

民初軍閥當中，以張宗昌最好雀戰，他一次和部屬玩牌，單吊一雀，久候不至，後來抓了個一餅，馬上倒牌，說是「雀吃餅—胡了」。陪玩的部屬誰敢異議，只好照數付錢。後來別人也依樣葫蘆，張卻不認，理由是雀身太小，短短時間，那能連吃兩個餅。

埃及前王法魯克，也是張宗昌一流人物，據說一次和人賭梭哈，三K居然要吃人家四J，被吃的自然不服，法魯克非常生氣：「難道你不承認我是王？」不錯，K就是王（King），三K加上法魯克，吃四J還有甚麼話說。

這都是似是而非的強辯，在那種場合，和那種人玩牌，就是心裏不服，也只好容忍。

我們現在玩麻將有「搶胡」的規矩，據說這搶胡也是一位大官的發明，那位官兒一次獨胡五餅，偏偏五餅卻被對家抓了開槓，官兒一急之下，便把五餅搶了來胡牌。不過這位官兒雖然蠻橫，顯然比張宗昌要講道理，自己蕭規，卻容許別人曹隨，不然搶胡的規矩，恐不會流行到現在。

麻將又稱衛生麻將。一個人成年累月爲生活忙碌之餘，得能偷得浮生半日閒，來上八圈，的確是一種享受；如三四友好，偶然相遇，湊上一桌，其快樂亦不下於把酒談心；至於年節假日，大家在牌桌上各霸一方，更免得外出受塞車之苦；此外，據說無事可做的退休老人，一星期能摸上幾圈，還可以預防老人痴呆症。當然，以上這些好處都必須在適度的情況下，如果廢寢忘餐連宵苦戰，弄得精疲力竭，既勞民又傷財，這樣的麻將，不僅不夠衛生，怕還要妨礙衛生大矣！

現在一般人公認的快事，有「久旱逢甘雨，他鄉遇故知，洞房花燭夜，金榜題名時。」不過就玩麻將的人來說，快事之中，似乎還應該加上一個「自摸嵌心五」。

談吃

談到吃，大概沒有人不感到興趣的，尤其是我們中國人，很多人的人生觀就只是一個「吃」，他們稱職業為「飯碗」，無論作甚麼事，其目的是為了「餬口」，是為了「塡肚子」，簡單一點說，他是為了「吃」。所以中國人碰面，不會講早安晚安，他們第一句話總是「吃飯了沒？」好像幾百年沒有開過胃。最尷尬的是，他明明見你從廁所裏出來，也會順口溜出「吃飯了沒？」使得你張口結舌不知所對。中國人生孩子，如果是男的，他首先要檢查他的口，是不是嘴大「可吃四方」。中國人如果上當了，他們不喊「穿虧」、「玩虧」，而喊「吃虧」，好像只有吃虧了才是真正的上當。

有的人對於「吃」是經常掛在口裏的，熟人碰面，如果是沒有結婚的，他會問你甚麼時候請他吃喜酒；如果是剛結婚的，他會問你甚麼時候請他吃紅蛋；如果是待字閨中的少女，他會問妳甚麼時候請他吃喜餅；如果是年紀大一點的，他會問你甚麼時候請他吃壽麵；如果你正在戀愛期間，他會向你要糖吃，總之，他在沒話找話說的時候，多數總離不開「吃」。有的人平常自奉甚儉，但吃興仍然不衰，只是他吃的時候要找許多理由，譬如冬令來了，他說是及時進補，夏天吃是爲了消暑，吃拜拜是基於祈求平安。有的人既想吃又怕花錢，因此親友輩的紅白喜事乃至「拜拜」的時候，是他唯一的機會，一有這種機會，他準是趕盡「吃」絕，除了自己準時而往外，通常還小貓小狗的帶去一窩。

很多被判死刑的犯人，臨刑前，通常也不忘吃，對於獄吏爲他準備的酒肉，在那種心情下，居然也可以大嚼。你可別誤認他爲英雄好漢—臨死不懼，其實這與英雄好漢無關，他只是不願作餓死鬼，怕有負此生。

一般說來，男人要比女人好吃，有人說：男人於一次盛饌之後，他的人生觀都可以改變，這倒是一絲不假。我曾親見一個滿面戚容的男人，三杯酒給他灌下肚以後，他公然可以談笑風生，將一個時辰前老婆車禍喪生的事忘得一乾二淨，使得意欲安慰他的人，倒覺話無從出口。女人所以不貪吃，是因爲她們更注重穿，不得不在菜錢上節省。有的女人不敢吃是怕發胖，怕有損於苗條。還有的女人，是爲保持風度，不便「窮吃」。她們知道當男人吃得不好意思的時候，也會自動地爲小姐們揀上一筷子，以示照顧。

吃飯的時候，我是比較願意與女人同席的，並不是因此我可以多吃一嘴，而是我害怕得胃病，男人吃飯充滿了戰鬥性，他們吃的時候很像是搶，特別是粗線條的男人，如狼吞，如虎嘯，吃菜的時候如臨大敵，喝湯的時候像龍捲水。女人比較斯文，雖然也不乏孫二娘之流，但畢竟不多。

男人比女人好吃，所以吃素的是以女人爲多。男人固也不乏吃素的，但一旦美味當前，他仍然可以隨時破戒。「儒林外史」裏面有個范進，因其母見背遵制丁憂，吃飯的時候，銀鑲杯箸不舉，象牙筷子不用，主人湯知縣正暗讚他居喪如此盡禮，落後卻發現他不聲不響的在燕窩盌裏揀了一個大蝦丸子送在嘴裏。這位仁兄，大概可以作爲男人的代表。

男人不僅好吃，而且吃相也最不雅觀，特別是他們敬酒，我對於這個「敬」字始終表示懷疑：隔牆傾聽，有如吵架，有的說「非乾不可」，有的說「不乾不行」，聽起來總是敬的成份少，而強迫的成份多。如果你走近一瞧，現場尤其不堪入目，有的拉拉扯扯，搞得面紅耳赤；有的唾沫四濺，弄到杯裏盤裏全有；有的仰起脖子在灌，咕嚕咕嚕地像牛喝水；有的擇肥而食，全神貫注如砂中淘金。吃得杯盤狼籍的是男人，吃而後吐的也是男人，男人多半是暴食暴飲，不及女人能細品菜餚的滋味。

有些女人很羨慕男人，男人唯一值得女人羨慕的，就是吃的機會比女人要多，尤其在吃風甚熾的台灣，他們幾乎隨時有機會大嚼，不僅是大餐廳大飯店可以經常光顧，就是吃花酒，也比過去大陸上更普遍更公開。如果不幸誤入仕途而又成爲達官的話，你必須有一副健康的胃，否則必然爲要應酬太多的吃而苦。在社交場中，從吃的方面可以看出一個人的身份：請而不至或雖至而急於退席的，這大概是上賓，是第一等；請而必至或者不請而至，這大概是二等三等，以至於等而下之了。就人來說，能夠嘴不暇吃的，不是達官也是富賈；能經常白吃白喝的，也還稱得上「有辦法」；至於吃「嗟來食」的，其窮途末路自不難想像了。

我並不反對吃，吃有許多好處：可以連絡情感，可以增進邦交，可以堵攸攸之口，也可以開方便之門，辦不通的公事一吃可以辦通，通不過的預算一吃可以通過。吃人者嘴軟，其吃過之後，能不爲人盡心盡力者幾稀！所以吃是無可厚非的，只要在形式上不是吃太過浪費的花酒，在動機上不完全是基於賄賂。

作家勞克先生函勉：

在大華晚報讀到您的「談吃」，您的確是有一手，什麼題材到了您手裡，就不俗，就不平凡。（按勞克先生，本名劉文文，淡江大學會研所畢業，不幸於行政院衛生署會計主任任內病逝。）

議　價

一、議價的意義

所謂議價，簡單說來，就是討價還價。具體而言，就是以通知方式，函邀某一特定廠商單獨磋商而議定價格的一種採購方式。

儘管許多人都不屑於討價還價，但現在討價還價還是成爲我們生活的一部分，無日無之。大如機關團體採購，小如市場買菜，都免不了唇鎗舌劍，唾沫橫飛。其原因一方面是因爲現代的商人多以追求「一本萬利」爲目標，早不屑於「什一之利」，如果他漫天要價，你不就地還錢，便成了被宰的肥羊，吃虧事小，有時還會引起不必要的誤會。另一方面則由於購物者的心理因素，總認爲無商不奸，價碼難免虛列，一樣貨物如不打個七折、八折買下來，會覺得不安，會擔心受騙，會擔心買貴了被人當作笑料。因此能殺就殺、能減就減，直到殺得對方片甲不留、減得對方不能再減爲止，爾愚我詐，各顯神通。

公家機關採購物品，除了議價之外，還有招標比價。議價與招標比價之不同，在於前者係個別洽商，而後者則必須公開競標；前者的價格係由買賣雙方協議決定，後者的價格則取決於最低標。

議價的優點在可以選擇服務良好的對象，也有利於政策性或互惠條件的運用；至其缺點，除容易造成廠商任意抬高價格外，也容易給經辦人員製造舞弊的機會。

二、議價與講價

嚴格說來，議價就是講價，都是透過討價還價的方式以求買得便宜的貨品。如果勉強予以區別，講價應屬個人討價還價的行爲，而議價則屬於機關團體的討價還價行爲。前者不拘形式，後者則有一定的程序。尤其是政府機關採購，原則上係以公開招標爲基礎。如改按議價方式辦理，尙須受「機關營繕工程及購置定製變賣財物稽察條例」第十一條所列各款之限制。

例如在同一地區內經調查僅有一家廠商符合規定招標標準者；或僅有一家廠商出售或

無完全相同之規範可資比較者；或係屬專利品、或獨家製造、或國內試驗製造、或原廠牌之配件、不能以他項財物替代者；或經連續辦理比價兩次僅有一家參加者；或確因營業需要必須指定地區購置房地產作爲營業之用者等等共計十款，必須符合此十款規定之情形，方得辦理議價。

政府機關之所以如此嚴格規定，主要係因政府採購法令之設計，重點在於防弊。採購必須程序合法，如果程序不合法，即使購價低於市價，也要受到糾正、處分，甚至法辦。

三、君子國的講價方式

一般的講價方式，是賣者討價，買者還價。君子國的買者多好讓不爭，不但不還價，通常還要添價。且看「鏡花緣」中唐敖與多九公遊君子國的這段見聞：

「說話間，來到鬧市；只見有一隸卒，在那裏買物，手中拏著貨物道：『老兄！如此高貨，卻討恁般賤價，教小弟買去，如何能安？務求將價加增，方好遵教。若再過謙，那是有意不肯賞光交易了。』只聽賣貨人答道：『既承照顧，敢不仰體？但適纔妄討大價，已覺厚顏；不意老兄反說貨高價賤，豈不更教小弟慚愧？況敝貨並非言無二價，其中頗有虛頭。俗云：漫天要價，就地還錢。今老兄不但不減，反要加增，如此克己，只好請到別家交易，小弟實難遵命。』

只聽隸卒又說道：『老兄以高貨討賤價，反說小弟克己，豈不失了忠恕之道？凡事總要彼此無欺，方爲公允。試問那個腹中無算盤？小弟又安能受人之愚哩？』談之許久，賣貨人執意不增。隸卒賭氣照數付價，拿了一半貨物，剛要舉步，賣貨人那裏肯依，只說價多貨少，攔住不放。路旁走過兩個老翁，作好作歹，從公評定，令隸卒照價拿了八折貨物，這才交易而去。

唐多二人不覺暗暗點頭。走未數步，市中有個小軍，也在那裏買物。小軍道：『剛才請教貴價若干，老兄執意吝教，命我酌量付給；乃至遵命付價，老兄又嫌過多。其實小弟所付業已剋減，若說過多，不獨太偏，竟是違心之論了。』賣貨人道：『小弟不敢言價，聽兄自付者，因敝貨既欠新鮮，而且平常，不如別家之美。若論價值，只照老兄所付減半，已屬過分，何敢謬領大價？』只聽小軍又道：『老兄說那裏話來？小弟於買賣雖係外行，至貨之好醜，安有不知？以醜爲好！亦愚不至此。第以高貨只取半價，不但欺人過甚，亦失公平交易之道了。』賣貨人道：『老兄如真心照顧，只照前價減半，最爲公平；若說價少，小弟也不敢辯，惟有請向別處再把價錢談談，才知我家並非相欺哩。』

小軍說之至再，見他執意不賣，只得照前減半付價；將貨略略選擇，拏了就走。賣貨人忙攔往道：『老兄爲何只將下等貨物選去？難道留好的給小弟自用麼？我看老兄如此討巧，就是走遍天下，也難交易成功的。』小軍發急道：『小弟因老兄定要減價，只得委曲從命，略將次等貨物拏去，於心庶可稍安；不意老兄又要責備。且小弟所買之物，必須次等，方能合用；至於上等，雖承美意，其實倒不適用了。』賣貨人道：『老兄既要低貨方能合用，這也不妨；但低貨自有低價，何能付大價而買醜貨呢？』小軍聽了，也不答言，拏了物，只管要走。那過路人看見，都說小軍欺人不公。小軍難違眾論，只得將上等貨物下等貨物各攜一半而去。」

四、梁實秋先生的講價藝術

梁實秋先生的講價藝術共有四點，不過他自承知易行難，自己始終未能運用。茲抄錄如次：

第一、要不動聲色：進得店來，看準了他沒有什麼你就要什麼，使得他顯著寒傖，先有幾分慚愧。然後無精打采的道出你所真心要買的東西，夥計於氣餒之餘，自然歡天喜地的捧出他的貨色，價錢根本不會太高。如果偶然發現一項心愛的東西，也不可失聲大叫，如獲異寶，必要行若無事，淡然處之，於打聽許多種物價之後，隨意問詢及之，否則你打草驚蛇，他便奇貨可居了。

第二、要無情的批評：甘瓜苦蒂，天下物無全美。你把貨物捧在手裏，不忙鑒賞，先求其疵繆之所在，不厭其詳的批評一番，盡量的道出它的缺點。有些物事，本是無懈可擊的，但是「嗜好不能爭辯」，你這東西是紅的，我偏喜歡白的，你這東西是大的，我偏喜歡小的。總之，是要把東西褒貶得一文不值缺點百出，這時候夥計的臉上也許要一塊紅一塊白的不大好看，但是他的心裏軟了，價錢上自然有了商量的餘地，我在委曲遷就的情形之下來買東西，你在價錢上還能不讓步麼？

第三、要狠心還價：先假設，自從韓康入山之後，每個商人都是說謊的。不管價錢多高，攔腰一砍。這需要一點膽量，要狠得下心，說得出口，要準備看一幅嘴臉。人的臉是最容易變的，用不了加多少錢，那幅愁雲慘霧的苦臉立刻開霽，露出一縷春風。但這是最緊要的時候，這是耐心的比賽，誰性急誰失敗，他一文一文的減，你就一文一文的加。

第四、要有反顧的勇氣：交易實在不成，只好掉頭而去，也許走不了好遠，他會請你回來，如果他不請你回來，你自己要有回來的勇氣，不能負氣，不能講究「義不反顧，計不旋踵。」講價到了這個地步，也就山窮水盡了。

五、金玉梅先生譯介的討價還價技巧

金玉梅先生譯介的討價還價技巧列舉了五種，作者也事先聲明，不能保證你每次討價還價都成功。不過多注意一些要點，你的談判技巧會更鋒利，可以掌握更多勝算。這五種技巧的內容是這樣的：

第一、做好事前準備工作：任何成功的交易，最基本的就是要瞭解產品真正的市場價格。多問問行家，或多跑幾家商店就可以探知市價。

你也必須知道什麼物品可以還價多少錢。例如汽車經銷商的利潤約爲百分之十，電器約爲百分之二十至二十七，服飾通常爲百分之五十，古董商差不多可獲得一倍的利潤。如果不知道市價而亂開價碼，你的信譽會大受影響。

第二、不要主動開價：如果標價是一七五元，不要自己降爲一二五元。你應該表示你準備的錢不夠標籤上的定價，然後請對方主動降價，等他提出第一個價錢後，再開始還價。

第三、不要提整數：如果一個古董搖椅的定價是三萬元，你可以提出一萬八千七百元的要求，不要要求降到二萬元。因爲在「哈佛學不到的管理」一書中提到：「整數聽起來還有商量的餘地，零頭則聽起來比較強硬、有力。」

第四、要從容不迫：如果對方很快就給你一個小折扣，通常你就可以偷偷鬆口氣，這筆交易很快就能達成了。你不能顯出很急著要買的樣子，最好裝得遲疑不決，藉口說你必須和你的另一半商量後再做決定，這樣虛張聲勢一番，對方可能會提出更好的條件。

第五、要會創新：除了還價之外，還有別的方法可以讓你從交易中獲得更多利益，例如以舊貨換折扣是一好方法。除了在買汽車時，可以用舊車抵價，其他像古董、珠寶、皮衣、畫的買賣，大部分經銷商都會考慮讓你用舊貨來換取一部分折扣。

六、筆者的議價心得

筆者現服務的單位，儀器設備爲數多達萬種，這些設備的購置與維修，均只能找其代理商，因此議價工作也較任何一個行政單位爲多。根據筆者的心得，議價成功的條件有二：

第一、做好事前訪價：訪價有兩種：一爲市價；一爲其他機關所購相同物品的價格。訪價之後，你心中才有底牌，有了底牌，你才能在討價還價中立於不敗之地。如果不事先訪價，而像旅遊教戰守則所說「從開價的三分之一開始殺起」，或者照梁實秋先生所說的「不管價錢多高，攔腰一砍」，或者照金玉梅先生譯介的方法隨便還個零數，都是盲目的殺價。這樣殺價的結果，常常會換來一張令你不愉快的嘴臉：賣者或者將貨物一收，不發一言；或者說：「你去別家看看吧！」碰上這種情形，自是非常尷尬。

如果事先經過訪價，就不會出現這種局面，因爲你的殺價在成本加合理利潤的邊緣上，在對方看來，這筆生意自然可談。如果你需要的數量較多，還可使用以量取勝的武器，價格上自然更好商量了。

第二、慎選議價對象：一般而言，如果採購本地產品，找經銷商議價比直接找原廠更爲有利，因爲售價是由原廠統一規定，原廠出售的價格通常不可能低於自己的規定，換句話說，不能低於經銷商，否則所有的經銷商都會提出抗議。相反地，經銷商爲爭取銷售獎金，常常會有較大的折扣，因爲他因折扣少賺的佣金，可從獎金獲得彌補。而且找經銷商議價，可以直接與有權降價的老闆討價還價，如找原廠議價，談判的代表通常爲其業務人員，授權範圍有限，象徵性意思一下固然可以，如要大減就非常困難了。

有人說選擇生意清淡的商店好還價，這話不無道理，因爲生意好的老闆沒有時間和你討價還價，生意差的商店對你的光顧視爲財神爺臨門，深怕你掉頭而去，價錢方面，自然有較大的商量空間。是否有效，讀者無妨一試。

七、結語

議價是一門學問，也是一門藝術，如果能掌握其中的奧秘，處理得當，的確可以爲自己爭得利益，爲團體爭得利益。不過就筆者個人而言，我倒希望有一天這門學問、這門藝術能成爲歷史名詞，不再在現實生活中出現。因爲討價還價，不論是爲本身的利益而爭，或像君子國一樣為他人的利益而爭，都難免舌敝唇焦，浪費精神，浪費時間。

記得筆者初到經濟部服務的時候，見到商業司正大力推行「商品不二價」運動，當時就曾幻想出現一個不講價的環境。因此衷心期盼所有的商人都能響應此一運動，像後漢的韓康，口不二價，採購任何物品都只看標籤付錢，或只憑估價單簽辦，省事省力，何其乾脆。既不必擔心同樣一件貨品，自己花了五百元買回，鄰居只花三百五，引起那口子嘮叨；也不必顧慮自己買的價格，比另一單位高出甚多，而勞動政風室調查。而且不二價之後，千百萬人節省的討價還價時間，一年下來，如果作一統計，一定也是相當可觀。

不幸這一運動，後來不知從那年開始，竟默然無疾消失。「不二價」既無一單位起而推行倡導，「二價」也無一單位出面糾正干涉，於是商場上照常殺殺砍砍，唾沫繼續橫飛，以致將近二十年後，筆者於萬般無奈之餘，還要撰寫這篇「議價」，能說不令人遺憾麼？

喜酒

喜酒大概是所有酒中最難吃的。說它難吃，並不是因爲它與其他的酒有何不同，而是要破鈔，要聽訓，還要佔去你太多的時間。因爲喜酒難吃，所以儘管紅帖子外都寫著「某某先生、夫人」，紅帖子內更印著「敬請闔第光臨」的字樣，但一般情形，除了至親及通家之好的朋友以外，還是「單刀赴會」的多。

吃喜酒破鈔是難免的，紅帖子一般管叫「紅色炸彈」，過去的人月入不豐，除了作首長的有特別費可以支應不必頭疼外，一般人如果一個月收到的炸彈超過薪水的容忍極限，就不免被炸得發愁。因爲寄給你紅色炸彈的人，不是至親，就是好友；不是同學，就是同事，這份禮是不能省的，手頭如不寬裕，就只有在生活上緊縮，或者東挪西湊，甚至寅吃卯糧—借薪。所幸紅色炸彈一般都會提前寄達，有的提前半月，有的提前兩週，而設想週到的，更是一個月前就寄來了，以便你挪也好、借也好，有充分時間準備。現代人生活比過去好些，但時間卻比過去寶貴，因此看到紅色炸彈爲錢發愁的情況不多，倒是害怕喜酒一吃，使得他少摸八圈。

吃喜酒送禮，包多大是一門學問，同樣數字的紅封，如果送的是一個比較潦倒的對象，這份禮可能是最豐厚的；如果送的是一個春風得意的對象，這份禮可能是最寒酸的。這是現實，大家都在錦上添花，你想不大小眼也不行。其實結婚送禮，原是大家湊合幫助窮朋友之意，朋友越窮，紅封應該越厚；至於有錢的朋友，則意識一下也就夠了，不幸現實生活中恰恰相反。我常想，如果有那位有錢朋友願開風氣之先，不設收禮檯，不置收禮簿，只是邀請親朋好友來分享他的喜悅，從此風行草偃，那就值得大書特書了。

吃喜酒最糟的是強迫聽訓，證婚人致詞、介紹人致詞、主婚人致詞之外，有的主婚人禮數特別週到，對一些有頭有臉的來賓，免不了客氣一番，如果這些來賓也認爲有上台的必要，居然一個個大搖大擺上台致起詞來，這下子吃喜酒的客人可就慘了。如再碰到受邀的貴賓竟是一位好久沒有機會在台上訓話的退休首長，抓起麥克風，禮堂當講堂，話匣子打開後，要叫他停止也難。

吃喜酒最苦惱的是佔去你太多時間，據統計，一次喜酒吃下來，少說也要花掉五小時，其中以耗在枯等的時間最長，其次則爲觀禮。如果你不想枯等及觀禮，那麼就按喜柬所訂的入席時間晚一點到達，因爲吃喜酒遲到一到一個半小時是正常的。不過晚到的壞處是很難與熟人同桌，接待的人見那裡有空位，便把你塞到那裡，可能一桌都是陌生面孔，話不投機半句多，這種酒席吃下去自然不易消化。爲避免尷尬，只有提前走人，現在很多大官吃喜酒，不都是既遲到又早退麼？有些大飯店上第一道菜之前，通常短暫關燈，由一群穿著整齊制服的男女侍托著菜盤、燭燈魚貫而入，這是走人的最好時機，反正禮到了，人也到了（和主人照過面，也握過手），不算失禮；而且你如果不是特別重要的人物，在那種場合中突然消失，也不會引人注意。

吃喜酒最怕的是坐主桌，坐在主桌上，不僅僅要一飯三吐脯，只怕三十吐脯尤有過之。因爲凡是來向新郎、新娘及主婚人敬酒的客人，識與不識，都不免順便向你禮貌一下，你能不拿起酒杯站起來嗎？生平也有過一次坐主桌的殊榮，那是以新娘主管身份，被趕著鴨子上架硬拖上主桌的。那次喜酒，不僅吃得食不知味，感覺上像是在接受處罰。面對著一批批敬酒的客人，必須不停的「起立、坐下」、「坐下、起立」，這與教官罰學生，班長罰新兵：「起立、蹲下」、「蹲下、起立」，有甚麼兩樣？

儘管喜酒難吃，但還是有人樂此不疲，據我所知，有一種人是專在酒店、餐廳找機會吃喜酒的（作者五十二年三月廿二日在自立晚報副刊發表的「三百六十行之外」一文，即指這一行），如被他發現有一家喜宴客人特別多，他就可以堂而皇之的就座，反正這種場合，男方以爲你是女方的客人，女方以爲你是男方的客人，誰還會去驗明正身？這種人大吃大喝之後，如果盤子裡還有剩餘，他還會大大方方要求女侍幫他打包，作爲明天、後天的存糧。只是幹這一行，不能鶉衣百結，不能蓬首垢面，雖不一定要衣衫楚楚，總要人模人樣才行。

儘管喜酒難吃，我也是樂此不疲，我喜歡吃喜酒，是因爲藉此機會，可以看到很多多年不見的老朋友。所以只要收到紅帖子，我總是儘可能參加；有時同一時間碰到兩個、三個喜酒，除了喜宴地點相距太遠外，也要盡量趕場。難得嘛！尤其在年近古稀之後，人生難得幾回「聚」！至於喜歡摸幾圈的朋友，吃喜酒更是他們協商組閣的機會，如果喜酒時間恰是週末或是星期天中午，幾個人交換一下意見後，便會提前離席。每看到喜宴中有四個、八個人同時離去的情況，就知道他們準是續攤去了。

求職

一般人都很羨慕含著金湯匙出生的人（其實含著玉出生的賈寶玉更令人稱羨），羨慕他們，不是因爲他們一生下來就有與眾不同的享受，一生下來就有大小佣人侍候；而是「畢業即失業」的情況輪不到他們，他們只要有做事的意願，馬上就有高而重要的位子等著他，不需要求職，不需要爲求職而看人臉色。

求職對一般小老百姓來說，是一件很痛苦的事。戰國時代的吳起，只因求職，還得付出殺妻的代價；而「儒林外史」裡的周進，在未得志之前，只爲謀取一個教館度日，無端受盡秀才梅玖的嘲諷奚落。現代人求職，比過去也好不到那裡，有的人必須拿著一份報紙，像無頭蒼蠅般到處亂闖碰運氣；有的人要去職業介紹所填寫一大堆基本資料，還要先交保證金；有的人拿著一紙八行書一而再地求見一位大老闆，期盼賞給一碗飯吃。這種情形，多少帶有幾分無奈。如果有幸獲得約見，面對的竟是一幅緊綳綳的面孔，他的兩腿會不停的戰抖，好像天氣很冷；他的額上冒著豆大的汗珠，又好似天氣正熱。有人說：你要根據一個求職者生理上的反應，準難測知一個正確的氣溫。這話聽在一個私人秘書的耳裡，常能獲得會心一笑。

求職與失業，以乎永遠分割不開，雖然這山望著那山高、騎馬找馬的並非沒有，但大體講來是以失業者居多。所以一個求職的人，通常不免於面容憔悴、精神萎靡，或是低頭彎腰、步履蹣跚，尤其是當他要進入一個大公館或者大辦公室的時候，不論是敲門也好，按鈴也好，那聲音常常是低沉的、間斷的，聽起來總是有氣無力。

求職總少不了一張履歷片，那一張四十八開的卡裡所記的，大概和自傳沒有兩樣；可信者少，可疑者多。字跡許是特別工整，經歷許是特別堂皇，那裡面的若干行，有的人也許是假的，但假的也無傷大雅，反正別人不會為他專開一個調查庭；有的人也許是真的，但真的亦於事無補，別人也不會因他有傲人的學歷或有過輝煌的過去就另眼相看。

求職者很難有一幅不使人生厭的臉，也很難有一套不使人噁心的行頭，說起來也奇怪，人一到這步田地，他的臉上好像長了一層霉，看起來總是不怎麼清爽，即使達觀如孔子，在這種情況下，不是也予人「如喪家犬」的感覺麼？他的頭髮生得快，衣服破得快，房租滿得快，最奇怪的是米也吃得快，如果平常僅能吃一碗兩碗的，這時節非二碗三碗不飽，所以人一旦失業，不論是拜親或訪友，大概都不太受歡迎。此外，人一失業，他的個性也會變得怪起來，在外面他非常謙虛，低首下心，看見誰都打恭作揖；在家裡他非常暴躁，好像誰欠了他的牛肉賬，家裡的幾張臉，沒有一張使他順心。

求職可區分爲若干類：有直接推荐，有輾轉拜託，有閱報應徵。大抵說來，是以閱報應徵爲最慘，粥少僧多，機會本來甚少，偶爾出現一個恰如其份的工作，不管你去得多早，總有人捷足先得。有人好不容易接到面試通知，但面試之後，往往是不了了之，遲遲不見下文。而更糟的是不幸碰到專以詐騙求職者黑心錢的業者，可能保證金、介紹費被坑了，還求告無門。

其次是輾轉拜託，你抱著很大的希望而去，但見過之後，又像一個洩了氣的皮球。有一種人，當你去謁見他時，也許剛見他裂開嘴送走一個客，你還以爲這個人靄然可親，竊竊自喜。可是才一瞬間，當他知道你的來意後，臉色馬上變了，八英吋見方的臉上，擠不出一絲笑容，像審問人犯似的，首先對你是一連串的盤問：「過去在那裡服務？服務了多久？爲甚麼離開？」繼之是推：「現在到處有人滿之患，找事的確不易。」最後是逐客：「好吧！有機會再說。」談話到此爲止，你就得自動告辭。至於這機會甚麼時候有？誰也不知道。也許幾月，也許幾年，也許石沉大海。這時節，你擔心他貴人多忘事也沒有用，你擔心明天沒米下鍋也不成，不能急，更不能催。

求職最容易體會到的，莫如人情冷暖，世態炎涼。有的人於碰足釘子之後，精神沮喪，憤世嫉俗；有的人萬念俱灰，人生乏味；如果他是一個讀書人，這時候只有孟子的幾句話最能給他打氣：「天之降大任於斯人也，必先苦其心志，勞其肋骨，餓其體膚……」一想到這，精神自然抖擻，心想：三十年河東，三十年河西，大丈夫豈能限量乎？別人瞧他酸得可哂，他還眼巴巴地指望來日上天會降大任給他。我想這大概也是孔子師徒被困陳蔡之間，斷炊七日，猶能弦歌不輟的道理。

哭

哭是情感的發洩：受了委屈，哭過之後，就覺得舒泰很多。哭是一種武器：孩子們一哭，要甚麼大概都能如願；太太一哭，先生的心很容易就軟。也有人認爲哭是一種藝術，就像笑是一種藝術一樣：一個人如果能在緊要關頭隨時表演一點「及時雨」，的確需要天才，如果表演得聲色俱佳，淋漓盡緻，天才之外，似乎還要加上功力。此外，哭還有醫學上的價值：據說淚水可以殺菌，可以潤澤皮膚，如果此說不謬，那麼哭這門藝術，顯然值得主管當局大大的鼓勵、大大的提倡。

比較起來，女人要比男人會哭，一般人譏諷女人的看家本領是「一哭二鬧三上吊」，上吊似不多見，但哭鬧則是常有。女人的哭比男人優美，她們多半是有泣有訴，抑揚頓挫，聽起來好像音樂，也好像劇中的獨白，哀惋悽切，煞是動人。普通男人寫一篇文章，有的改改寫寫，三易其稿；有的菸抽了半包，還不知道如何下筆。但女人不然，她們不論是哭父哭母，哭子哭夫，莫不是娓娓道來，自然成章，如果速記下來，常是一篇極生動的文章，不需要再加任何修飾。

女人不僅會哭，而且來源迅速，她們眼淚的蘊藏好像比男人豐富，她們控制淚水的開關也好像比男人靈活，像電力操縱的水閘，只要電鈕輕輕一按，要流就流，要止就止。所以女人哭沒有時間的限制，笑的時候可能忽然下雨，笑出幾滴興奮淚來；哭的時候也可能馬上轉晴，破涕爲笑。女人哭也沒有空間的拘束，家裡可以，辦公室可以，熙熙攘攘的大街上可以，奇臭難聞的廁所裡也可以，甚至在那黑漆漆亂糟糟的電影院裡，她們也可以潤濕幾條手帕。女人多哭，大概與她們的坦白個性有關，她們的情感發洩是真的，她們不充英雄，說什麼「男子漢流血不流淚」！所以要哭就哭，不需背人偷洒。

男人之中，劉備算是哭的能手，俗語說「劉備的天下是哭出來的」，真沒有過份渲染，看三國演義，他一哭哭動了曹操，二哭哭動了吳太后，三哭哭動了劉表，總之，每到重要關頭，他好像都是靠哭過關。此外南北朝有個劉德願，也是因哭起家，這位仁兄，初不過是南齊王的一個隨從，在南齊王葬貴妃時，他受命而哭，居然哭得「涕泗交流」，於是一躍而爲刺史。不過男人中有這樣成就的並不太多，而且其功力比起女人來，如民間故事中的孟姜女哭裂長城、祝英台哭開梁塚，仍不免相形見拙。

大抵說來，人不傷心不流淚，所以通常總以喪葬的場合，哭聲最爲悲切。有許多場合，其哭聲之多之大，簡直可以免僱吹鼓手。尤其是尊親屬死亡，不哭就是不孝，爲了盡孝，大陸上有些地方是可以請人代哭的，這些人以哭爲業，訓練有素，聲調雖極哀切，可是乾打雷不下雨，一旦揭開幃帳，臉上了無淚痕。也有人眼睛上塗辣子胡椒，淚水儘管不斷，可是有雨無雲，臉上並不哀戚，聲音也不嘶啞。

有一種人看來涕泗縱橫，哭得死去活來，但未必真是捨不得死者，他可能是感懷自己的身世。例如「紅樓夢」寫賈母死的時候，史湘雲直哭了半夜，因爲她想到自己命苦，剛配了一個才貌雙全的女婿，偏偏得了癆症。賈寶玉也放聲大哭，因爲他看到眾姐妹淡妝素服，比尋常穿顏色時更自不同，而想起林妹妹（黛玉）也這樣打扮，不知怎樣豐韻，不覺心酸起來。大家只道是想著賈母疼他們的好處，所以悲傷，豈知他們兩個人各自有各自的眼淚。

賈寶玉曾希望他死的時候，姊妹們的淚水能夠成河，把他的屍身漂浮起來，看似瘋話，其實不是瘋話，一個人眼睛閉了的時候，能有人真情一哭，倒真是死而無憾。怕的是哭的人淚痕未乾，就爭著分產。

哭的方式很多，「水滸傳」裡把哭分爲三樣：「有淚有聲謂之哭，有淚無聲謂之泣，無淚有聲謂之號。」（二十四回）而「西遊記」裡亦有類似分法，孫悟空教導豬八戒哭的方式說：「哭有幾樣，若乾著口喊，謂之嚎；扭搜出些眼淚來，謂之啕；又要哭得有眼淚，又要哭得有心腸，纔算著嚎啕痛哭哩。」（三十九回）

如果以天氣來喻哭的方式，那麼嚎啕大哭好像是暴風雨，哭聲雖可震天，但馬上可以雨過天青。低聲飲泣好像是毛毛雨，哭聲不哀，但剪不斷理還亂，最能持久。至於頓足捶胸，一把鼻涕一把淚，苦訴不完，淚拭不盡，這種哭好像是颱風雨，令人愁腸寸斷，淚水之多，簡直可以成災。還有人滿面戚容，兩眼紅腫，這是陰天的特產，雨雖沒有，空氣卻非常鬱悶。

哭聲之中，大概以孩子們的哭聲最爲熱鬧，像搖滾樂；女人的哭聲最是優美，像抒情詩；成年男人的哭聲最是雄壯，像進行曲。詩是百讀不厭的，但搖滾樂、進行曲聽多了就不免譟耳。不幸在我們日常生活中，搖滾樂似乎最多，孩子們肚子餓了要哭，要求未遂要哭，打了敗仗要哭，摔跤跌倒要哭，吃藥打針要哭，剪髮洗頭要哭，甚至看不見媽媽也要哭。其次抒情詩也不少，女人除了情場失戀、親屬死亡、夫妻吵架等，那是一定要哭之外，平常即使先生的嗓門高了一點也要哭，受了小小一點委屈也要哭，甚至看一場電影也要哭，像以前那部「春風秋雨」的影片，就不知賺了女人多少眼淚。比較說來，進行曲是很少聽見的，這並不是說男人不愛哭，我想如不是英雄懦夫的觀念影響，這種情形一定會大大改觀。

哭聲像破鑼，固然使人難以忍受，哭聲像牛哼，也多少有點妨礙消化，至於地下打滾，近乎耍賴，尤其令人噁心。演員訓練班訓練學生，要哭得適時，哭得適度，哭得優美，哭得哀戚。能哭到這種境界，真是談何容易！事實上哭相常是最難看的，我們只看「哭」字的模樣兒，看起來總是愁眉苦臉，不及「笑」字那麼開朗可愛，就不能不佩服倉頡創字之妙。

（註）本文曾經僑聯出版社選刊「僑報副刊資料稿」第十二期，提供僑報參考選用。

牛

在家畜中，我個人是最偏愛於牛的。我喜歡牛，除了喜歡牛的渾厚以外，當莫過於牛的超然，牠不像狗一味逢迎，搖頭擺尾地做出那乞憐的樣子；也不像貓只管撒嬌，咪嗚咪嗚地跳在人身上打盹；更不像籠鳥會唱好聽的歌兒，「呢喃呢喃討人歡喜」（借用胡適之語）。牠只想以自己的勞力，換取主人的信任。但人並不歡喜牠，因爲牠醜、牠髒、牠笨，而且其面目可憎。

年青的時候，我喜歡給牛看相，我覺得牛的相並不壞，兩耳垂輪，口大可吃四方，天堂亦甚飽滿，雖然鼻孔大一點不存財，但也不致於使牠潦倒得只能吃草，因此百思莫得其解。偶爾聽到一句話：「十個胖子九個富，只怕胖子沒屁股」，我才恍然大悟。牛固然很胖，可是一旦直立起來，屁股就沒啦！所以牠不能「醉醇醴而飫肥鮮」。儘管大腹便便像個大官兒大老董，而個子之魁梧，更「洸洸乎干城之具」，但並不受人尊敬，牠只是「泥菩薩過河」。

又有人說：「白胖主貴，黑胖主賤」。好像也有幾分可信，這大概是牛不及豬的地方，豬胖而白（指去毛以後），所以牠能養尊處優，四肢不勤，五穀不分。牛胖而黑，所以牠只能胼手胝足，勞碌奔波。雖然豬最後必免不了冰涼的一刀，可是辛苦了一輩子的牛又何能例外？但牛笨，牠不懂，如果牠能想到反正一刀之不能免，我想牠是會罷工的。

牛的一生，說起來還是吃了鼻子的虧，鼻孔太大了，這就是牠不得不以龐然之軀受制於三尺童子的根源。其次牠也太笨，牠不懂得高級動物感情的微妙；誰要是俯首聽命，供他驅使，他會視你爲奴才。誰要是對他擺官僚架子，打官腔，他會恭謹如儀。而牛只知道忠心耿耿、正直無阿，所以牠被輕視，與牠的患難兄弟「馬」一樣，同被視爲奴隸的代名詞。

我很佩服牛的腿，結實得像四根鋼柱，除了支持一千多斤的壯碩軀體之外，還有餘力耕田拉車。也很佩服牛的修養，大概是肚皮大的關係—好撐船。所以鞭子抽在牠的身上，牠能忍受；咒罵牠的時候，牠也沉默；人不斷地役使牠的時候，牠也從不要求勞逸平均；給牠一把陳草充飢，牠也不認爲厚此薄彼。「鴨吃穀子牛吃草，各人福份不同」。牛是比較能夠「認命」的，至多長長地嘆一口氣，藉以舒散牠胸中的積鬱。

牛對人的用處很大；可以耕田，可以拉車，也可以供人騎。只是人騎牠的時候，是帶有幾分勉強的，所謂「抓著黃牛當馬騎」。牛最委屈最難過的莫過於此，給人騎了，人還不怎麼高興。

牛的動作比較遲緩，除了牛脾氣發作以外，通常是慢吞吞地走著官子步兒。因此，慣於風馳電掣的轎車階級，對牛最惱火，一旦「牛車當道」，管你喇叭按破了，牠也不睬不理，你只好白瞪眼，充其量給牛的主人一個難堪。

牛也會哭，即所謂牛泣，「孟子」梁惠王上，就有齊宣王不忍見一頭牛因即將被殺釁鐘恐懼發抖而改以羊易牛的故事。牛在宰殺前，據說通常要淌淚，此淚之淌，是畏於死之將至？還是有感於人之不義？則不得而知。

平心而論，人是有愧於牛的。牛視人爲「生平知己」，常常是粉身碎骨以報：力供人使，肉供人食，皮供人衣，角供人用……而人還瞧不起牠，罵牠「笨牛」，「寧爲雞首，不爲牛後」。也不感激牠，認爲作牛作馬原是來「還債」的，殺牠、肢解牠，還要剝皮。

如果我們統計一下，時下吃牛飯的，包括種田的、製革的、賣牛肉的、開牛肉館和牛肉加工廠的、賣皮鞋的、刻印的、製手工藝品的……幾乎佔百分之二十以上，都直接賴牛以生存，而人對牛卻無一字之獎，有之則是些輕蔑之詞，譬如「老牛」、「牛飲」、「牛哼」、

「牛勁」、「牛馬」、「牛脾氣」、「牛肉賬」、「牛驥同阜」、「對牛彈琴」等等，更有甚焉的是「黃牛」一詞，居然與「騙子」混爲一談，瞭解牛的個性的，能不爲「好牛難做」一嘆？

記得去年聖誕節，復興電台王副總台長毅（後轉調正聲電台總台長）爲了給三個小朋友一點禮物，特意選購了三件牛骨質的玩意，一爲魚，一爲船，一爲牛，並各予題字以示勉勵，其中魚寫的是「獨佔鰲頭」，船寫的是「一帆風順」，唯獨寫到牛時，卻想不到一句恰當的字眼，當時適有多人在座，一時之間，誰也想不出來，好事者且大翻其辭源，發現最好的句子莫過於「力大如牛」，但未被採用，因爲此句易使人聯想到「牛大而笨」。其中記者張賓琪兄苦思不得，竟大幌其腦袋，「牛乎！牛乎！」不止，其夫子狀一時引爲笑談。在這裡，筆者於同情牛的遭遇之際，也不禁要彷賓琪兄的語氣，說一聲「牛乎牛乎奈若何」了！

作家周伯乃先生函勉：

閣下的「牛」寫得極深刻，夠意思。夏江（伯乃夫人）還特別替您朗誦一遍。她說：您的「牛勁」不小啦，對於世俗與一些被世俗渲染了的反叛，都極夠味。

貓

貓是屬於嬌小型的，模樣兒玲瓏溫柔，在家畜中比較起來，牠還薄具姿色，所以牠慣於撒嬌：天冷了牠要鑽進人的被窩裡「哀咽」；食無魚的時候，牠會不斷地「咪嗚咪嗚」以絕食表示抗議。貓的聲音，顯然地比牛馬豬狗悅耳，可是一旦叫起春來了，那調子也不怎麼好聽；旁若無人地亂嘶亂嚷，全不知道害臊。而且牠叫的時候多半是選在夜晚，「春色惱人眠不得」，牠也不怎麼識相。

觀貓的一生，好像很得志，在主子面前，牠最吃香，享受也比牛馬豬狗要好。而且牠有的是閒暇，不需要耕田拉車，不需要胼手胝足，偶而捉幾隻老鼠，正像我們狩獵一樣，全憑一時興起。牠有的是自由，不會被成日價關在圈裡，也不會經常被人牽著鼻子走，更不會被畫地為獄固定在門口當司閽「坐」崗。牠有的是活動圈，走東家跑西家，悉聽尊便，沒有人加以干涉。除此以外，貓的生命也比一般畜類安全，牠除了不幸生在廣東以外，通常可以壽終「正寢」，不會有兇殺之虞。廣東人宰牠，是為了製造名菜「龍虎鬥」（與蛇配成）。據說其味至佳，只是到現在為止，筆者尚無此口福。

貓比一般畜類要幸運，可是看貓的相，似乎並不特殊；論天堂，不及牛來得飽滿，兩耳也不若豬之垂輪，嘴巴之大，似乎也及不上狗，你也許會以爲麻衣相術不靈？其實不然，據看相的解釋說：貓的動相好，走的是「虎步」—主貴。這就無怪乎牠要比一般動物有福。

貓的動作輕捷，其輕身工夫是一流的，牠是過去武俠劍客摸仿學習的對象，包青天的三品帶刀護衛展昭，就以被皇上封爲「御貓」爲榮。然而漫畫家給貓的造型，通常是淑女和紳仕者居多。我很欣賞給貓著上衣履、套上領結、配上文明杖後的那副神態，加上牠與生俱來的幾根稀稀的鬍子，其風度之瀟洒，比之圓顱方趾的高級紳仕並不遜色，祇差多出一根尾巴，否則還不知有多少人要向牠彎腰、要爲牠傾到哩！

我對於貓的印象並不好，我不知道是不是讀了美國作家愛倫坡（Edger Allanpoe）所寫小說「黑貓」的影響，我總認爲貓在溫柔中含有幾分奸詐。牠沒有牛的渾厚，也沒有狗的忠心，貓多數是唯物主義的信徒，故一旦你供不起牠的需要的時候，牠會「絕裙」而去；發現另一家有魚有肉的，牠也會流連忘返。所以貓走掉了，你用不著登報，一旦你時來運轉，有肥鮮可飫，牠還會潑水自收厚顏歸來，甚麼「義不反顧」、「好馬不吃回頭草」⋯⋯貓不足以當此。而且貓最嘴饞，望著籠子裡的鳥兒垂涎欲滴，看著玻璃缸裡的金魚虎視眈眈。也最愛偷嘴，有時剛做好的菜，人還沒有吃到，貓卻先嚐了。碰上這種情形，你只有自認霉氣，如果你要給牠一點兒教訓，牠確實是當不起一拳。除此以外，貓還不怎麼懂規矩，人在吃飯的時候，如不事先給牠安撫，牠會毫不客氣地跳上桌面來和你爭食，全不像狗那麼安份。

貓對人的需要並不大，牠既沒有力量可供耕作，也沒有太多的肉可供人食，牠唯一的職責就是捕鼠，捕鼠多少，也是評鑑一隻貓是否盡責的標準，鄧小平的貓論說得很清楚：「不管黑貓白貓，能抓老鼠就是好貓。」只是這唯一的職責，牠也未必盡忠？記得民國五十年雲林縣口湖鄉就有一隻貓，居然跟鼠子養了個兒子（那次共生了兩隻小動物，一隻類貓，另一隻竟是鼠），這隻貓不捕鼠也就罷了，竟作賤到「獻身和番」，實在讓主子尊嚴掃地！

有人說會抓老鼠的貓是不叫的，我則認爲會叫的貓才是最聰明的。因爲牠知道牠對人的需要是與老鼠的多寡成正比，所以貓捕鼠的時候總要放大噪門叫，牠要事先打個招呼。意思是說：我要執行任務了，你們該走避的趕快走避，如果你當著我的面前猖獗，那就怪不得我了。

話雖如此，一般人家還是養有貓，他（她）們喜歡貓，也自有其理由：

第一、貓比較清潔：牠不像豬，一臉的髒，也不像狗，連大糞也往嘴巴裡塞，更不像某些個高級動物，隨地大小便乃至隨地吐痰，貓拉了屎牠會就地取材把它蓋好，吃罷了飯，牠也會伸出兩隻前爪來，在牠的小臉上清潔一番。

第二、貓能捕鼠：儘管貓捕鼠並不是十分澈底，但至少可以發生點嚇阻和緩和的作用。就像我們現在五院中的「蚊子院」一樣，官員閒得在院裡養蚊子，要靠他們打老虎是奢求，不過養著他們必要時嚇嚇蒼蠅也是好的。

此外我記得曾讀過一位先生的高論，他認爲人之所以喜歡貓，是因爲貓像虎，人玩弄貓於手掌中，可以獲得心理上的滿足。自然，存這樣心理的，也不會完全沒有。

蒼蠅

客人在一家大餐廳的菜裡發現有一隻蒼蠅，他小心翼翼地揀了出來放在桌上，叫老闆來看，老闆笑了笑：「哦！一粒豬油渣。」隨即放進自己口裡，客人將信將疑，但蒼蠅既然已經進入老闆的五臟廟了，自無法求證。不過如真是一隻蒼蠅，那老闆的犧牲未免太大了，他爲了餐廳的信譽，爲了不使客人有找渣的藉口，硬是把一隻蒼蠅吞進肚裡，這需要勇氣。不過也有可能，老闆的這個動作是障眼法，未必是真，魔術師不是也有吞碎破璃的表演麼？我們幾曾見過魔術師因吞碎破璃而出狀況的。

蒼蠅最使人噁心的是髒，一味逐臭，而且胃口奇好，屎痰鼻涕、香臭食物，無一沒有興趣。一般人常說「一粒老鼠屎害了一鍋粥」，其實一粒老鼠屎在粥裏，並不似一隻蒼蠅那麼嚴重，在吃慣中藥的國人看來，老鼠屎軟軟黑黑的，還不是等於一粒中藥丸子，值不得大驚小怪。唯獨一碗滾熱的菜湯裏，落下一隻倒霉的蒼蠅，那才真是煞風景，吃之倒胃，棄之可惜。

蒼蠅的嗅覺是出名的，牠究竟能嗅多遠，沒有人去考究，我門所能知的，是不管甚麼時候，甚麼地方，你只要稍微遺下一點東西，不論香臭，馬上就可能引來群蠅亂舞，使你不能不佩服牠那小得看不見的鼻子。如果一個小姐頭上，有幾隻蒼蠅揮之不去，不用說，那兒大概有蒼蠅需要的午餐，或者好幾星期沒有浸水⋯。當然，這種情形，如果出現在名媛淑女的身上，更是非常尷尬；蒼蠅不找別人，偏偏欣賞閣下，你怎樣辯稱這地方如何如何，也很難自圓其說。這和帽子上爬出一個臭蟲被人當眾捉了下來，一樣會使人臉紅。

經濟部前次長汪彝定先生曾為文記述他抗戰時在昆明看到一碗白米飯被蒼蠅盤踞成一座小黑山的奇景。我一九八一年在印尼雅加達兩個月的公差期間，也曾領略到這些小東西自恃「蠅」多勢眾，公然與人爭食的兇悍場景，不輸昆明。那時每吃一頓飯，總是如臨大敵，必須手不停揮，稍一歇手，盤裡碗裡瞬間就停滿了黑壓壓的一片。現雖事隔多年，仍然心有餘悸。

蒼蠅和蚊子，可謂一丘之貉，專門與人為敵，一晝一夜，輪番搔擾，一個剛剛鳴金收兵，一個接著披甲上陣，二十四小時疲勞轟炸，直擾得人頭昏腦脹叫苦連天：「既生人，何生蠅？」可惜這些傢伙不懂得人的語言，不然恐怕早有人出頭妥協，協議停火休戰。

就我個人來說，我覺得蒼蠅之可惡，尤甚於蚊子，蚊子只出現在晚上，晚上我們究竟躺在床上的時間多，蚊帳一撐，高枕無憂，牠也奈何不得。蒼蠅專在白天襲擊，一忽兒在頭，一忽兒在腳，打得東來西邊去，左邊趕走右邊來，真是防不勝防，不勝其擾。而且人一進入中年，對於午睡的需要也特別切，有了蒼蠅，除非甘願煨在熱烘烘的帳子裏，否則便只好犧牲。

至於爲男人製造機會而言，好像蒼蠅也不及蚊子。一個蚊子停在一隻又白又嫩的玉臂上，男人最是欣喜，他可以大大方方地告訴那人兒「不要動」，然後輕輕一拍，真是軟玉溫香，回味無窮。如果玉臂上停的竟是一隻蒼蠅，就別想有那樣的艷福，手還未到，人就先叫了，原因自然是蒼蠅髒，她怕屎血蛆蟲，拍滿一臂。

任何地方，蒼蠅多總不是好現象，館子裏蒼蠅太多，會影響生意；家庭裏蒼蠅太多，會影響觀瞻；總之，不論何處，蒼蠅一多，那兒的環境衛生就不免叫人懷疑。我二姨母宅心仁厚，對於小生命一向愛護，走路怕踩死螞蟻，關窗怕誤傷壁虎，看見子侄輩捉住烏蟬，也常以糖果收買，唯獨對於蒼蠅，只恐殺之不盡，蒼蠅紙蒼蠅拍無時不備，可見蒼蠅，確是令人厭、令人煩。

蒼蠅粘在蒼蠅紙上，愈陷愈深的情狀，看來真是令人開心，不過我總覺得不及在公共廁所裏看見一兩個紅頭蒼蠅掙扎在蜘蛛網上更令人過癮。其焦急程度不下於熱鍋蟻，視其痛苦無告的表情，有時也確擬大慈大悲一番，可是一想到牠平時自恃本領高強故意向人挑戰的那份狂妄，也就無動於衷了。一任蜘蛛不斷增加繩索，給牠五花大綁，心想：這就是惡者的下場。

說起來，這些小東西也很可憐，只爲一頓飽餐，常須冒者生命的危險，代價究竟太高了些！可是「有上帝形像」的人類，爲了吃飯，也還要低頭彎腰，忍氣吞聲，比較起來，蒼蠅也該無所抱怨的了。

蒼蠅都喜歡搓腳，蒼蠅搓腳，是一份閒情，我喜歡看蒼蠅搓腳，就像我喜歡看貓用前爪抹臉一樣，這種情形，多數是在飽食之後，雖然也是當眾表演，不過比起大人先生們酒醉飯飽之餘當眾剔牙，似乎可愛得多。蒼蠅搓腳的作用也是清掃，一如人在身上「搓麵條」，雖然牠前腳後腳搓的結果，不可能像人那樣黑膩膩地居然要以杯計，不過與他的體積比照起來，其量大概也相當可觀。

以驅蒼蠅一事來說，人有這麼一雙手，真是上帝最大的恩賜，比起沒有手的牛等，就顯得方便多了。牛雖然也有尾巴可以揮灑自如，但尾巴不及的地方，也就一任蒼蠅在那兒盤踞，只是實在忍受不了時，牛也會動彈一下肚皮，但可惡的蒼蠅，似乎識得黔驢之技，常是毫無所動。每見牛這樣一個龐然大物，尙且要被小蟲欺侮，就覺得人在環境中受小人一點委屈，也就很坦然了。

有人認爲蚊蠅是君子，向人攻擊時，總要頻頻示警，不會不宣而戰。可是當你白天晚上被牠們吵得輾轉不能入睡的時候，卻寧願牠們是小人；像習慣偷偷摸摸的臭蟲一樣，等人睡熟之後，再出來下手。你不妨礙我睡覺，我不妨礙你吃血，各取所需，互不干擾，我們雖然損失一點，但九牛一毛，影響不大，比起午睡睡不好，晚上又失眠，就強得多多了。

老

老是人生的過程之一，儘管各人對老的感觸不同，但除早夭者外，老總是無法避免。「世間何物催人老，半是雞鳴半馬啼。」老的到來，說快不快，說慢不慢，常常是在我們不知不覺之中，等到你有了老的感覺時，你便真的「垂垂老矣」。

老，可以改變一個人的形象：腰變彎，背變駝，頭髮越變越白，步態越來越龍鍾，臉上的蒼蠅屎越堆越密，輪轍越來越多。

老，可以改變一個人的個性：壞的變好，惡的變善，粗暴的變溫和，驕傲的變謙虛，無論年青時怎樣爲非作歹，一旦上了年紀，多數會變得和善起來。（不過也有例外，像現在台灣某位八十歲的老人，臨老非但未變好變善，心反而變得更壞，出書批張三，批李四，批一堆人，怎一個「恨」字了得！）

老，可以提高一個人的地位：吃飯可以居首席，看戲可以坐前排，搭巴士有人讓座，走路有人攙扶，即使是大人先生們，對於老人也還要禮讓幾分。

而且社會上通常把「年高」與「德劭」併列，好像年一高德一定劭。也經常讓「敬老」

與「尊賢」合而爲一，似乎人一老就必定賢。更處處講究「序年論齒」，年齒高的，便有資格受到禮遇。現在台灣的「敬老會」，大陸的「夕陽紅」，看來都在大力推動敬老。

至於在家庭的王國裏，老人更是不折不扣的王，像「紅樓夢」裏面的那位老祖宗賈母，其權威豈在皇帝之下？上上下下，誰不是屈意奉承。所以人一「老」，自然而然便「大」，我們有句「老大」的形容詞，真是越想越有道理。

因爲社會敬老，所以少年得志的人，總要作「老成」狀，甚至故意留上一撮山羊鬍增加老態，大概唯其如此，才能使人敬使人服，否則總難免「少不更事」、「嘴上無毛，做事不牢」、甚至「童子軍治國」之譏。

老，也可能被人罵爲「老賊」，老而不死是爲賊。不過風水輪流轉，當年那些罵老人爲「老賊」的人，如今卻不顧國家財政艱難，硬是要編「老人津貼」預算討好老人，豈是這些人自己也老了，因而變好變善？非也！他只是想到老人的選票。反正花的是納稅人的錢，賺的是自己的票，何樂而不爲！

一般說來，「老」代表能力智慧，所謂「老手」、「老到」、「老經驗」、「老謀深算」等等，似乎一接觸到老，人就會練達起來。現在世界的趨勢，除了新興國家之外，政治事務，差不多都要借助老人。老人閱歷深，經驗豊，要非年青人所能及。老人圓通，面面俱到，在議會裏容易過關。老人穩重，老成練達，處理事情得心應手。老人通人情世故，對於機場迎送，揭幕剪彩，弔死慰傷，也比年青人更積極。

除此之外，老人從政，年青人就不致脫離生產，好像頂合乎經濟原則。閒談中，有人認爲我們最好立個法：人不滿七十，不得爲次長，不滿八十，不得爲部長。這樣外邦來朝，眼見滿朝雞皮鶴髮，豈不肅然起敬？這話聽來有些荒唐，不過如根據張群先生「人生七十方開始」這一說詞，人生才一開始就做次長，似乎尚略嫌早些！

比較起來，中國社會可說老人的天堂，在稱呼上，只要有「老」字，就含有幾分敬意。我們只看「老先生」「老前輩」「x老」等所包含的尊崇，就可見「老」在中國社會裏，的確是非常吃香。如果老而多金，「認乾女兒」更是特權。不幸老境淒涼，淪落街頭，人見其老，也會多給幾個銅錢。我們常常聽到「依老賣老」這句話，看來「老」在中國，倒真是可賣。

不過話說回來，「老」固然給人許多便利，一般人對老還是存有幾分畏懼，原因自然是「夕陽無限好，只是近黃昏」。形將就木，老比較接近死亡。尤其處此時此地，「國讎未報壯士老」，一旦發現自己竟是兩鬢斑白，皮肉下垂，多少不是滋味。

對老最敏感的應是女人，所謂「美人悲遲暮」，女人最怕人老珠黃，秋扇見捐。有一個中年婦人問蕭伯納：「你看我的年齡多大？」蕭翁看了看說：「瞧妳的身材，只有十九歲；瞧妳的臉蛋，不過二十歲。」婦人聽後非常高興，不料蕭翁隨後又補充了一句：「合起來還不到四十歲。」這一句自然使婦人甚為失望。蕭伯納是有名的幽默大師，可惜他只知道幽默，卻不懂「問年減歲，問價加錢」的心理，這似乎是洋人不及國人的地方。其實現在醫藥發達，整容術進步，女人處今日之世，皺紋可以摸平，頭髮可以染黑，平的可以使凸，凸的可以使無，又何所懼？

至於男人，對於老，不僅不會像女人那樣談「老」色變，尤其在目前社會普遍敬老的情形下，有的人真是唯恐不老，如果老而能「聞」，鶴髮再有紅顏可配；或年雖老而寶刀未老，像三國時代的黃忠，以七一高齡，猶能大敗曹魏名將張郃，有這樣的神力，那更是令世人羨慕嚮往。

太太

有人說：「沒有太太，茶飯無心；有了太太，雞犬不寧。」的確，對男人來說，在沒有太太的時候，他好像孤魂野鬼，好像無根的浮萍；可是有了太太之後，他又好像有無限的委屈，要負擔太太的生活，要負擔太太的口紅香水，還要忍受太太的嘀咕。他失去了自由，不能像婚前那樣，愛摸幾圈，就隨時入閣；愛跳兩下，就臨池起舞；他不能遲歸，否則必須有勇氣面對一幅緊繃繃的臉。

有很多男人喜歡日本太太，他們認爲人生最享受的是「住美國洋房，吃中國菜，娶日本太太。」在他們眼裡，日本太太柔順，爲先生脫鞋，爲先生奉茶、奉煙，作丈夫的蹺起二郎腿，喝茶、吃煙、讀晚報，這是享受。我不喜歡這種享受，我覺得這似乎不像五倫之一的夫婦，倒像五倫之外的主子與奴僕。

太太是終身伴侶，這一關係最重要的是自然，「相近如兵」，動輒大打出手，固然不行；「相近如冰」，冷冷有如路人，也不是滋味；至於公認爲最理想的「相敬如賓」，彼此像對待客人一樣，又好像沒有「家」的感覺。試想成天生活在一起的倆口子，如果也像平劇裡面那麼多禮，經常「老爺請！」「夫人請！」「相公請坐！」「夫人請坐！」繁文縟節，不僅瑣碎，外人不知究理，還誤會你這一家是不是精神有了問題。

太太有很多型，常見的大概有以下幾種：

第一、嘮叨型：話特別多，一件雞毛蒜皮的小事，她可以說個沒完，直到先生呼呼入睡，她還「話」猶未盡，硬是把你從夢中推醒，興問罪之師：「怎麼！我講話你不愛聽？」

第二、功利型：家有這樣的太太，回家晚了，千萬不要先說話，趕緊從口袋裡掏出一疊鈔票放在她手裡，她一定笑逐顏開：「又加班哪？吃飯沒有？」相反地，如果這時候只有聲音，不見動作，她一定是另一幅臉孔：「這麼晚才回來！你還要家不要？」

第三、大噪型：嗓門奇高，而且後勁十足，是學聲樂的好材料。如必須帶這型太太去需要安靜的場合，作先生的難免戒慎恐懼、提心吊膽。一旦她興之所致拉高分貝，雖還不致像張飛一吼，可使曹軍盡皆股慄；但也足以「驚」朋滿座，令你尷尬不已。

第四、社交型：喜歡活動，喜歡打扮，她有開不完的會，數不盡的朋友。她對衣服永遠不嫌多，如果貲力不濟，她寧願減少營養，也不願減少行頭。她很會花錢，儘管你每月的薪水都如數繳庫，到時候她仍然會向你伸手。她知道即使窮如公務員，也還有額外收入如兼職車馬費、開會出席費及演講鐘點費等，不一而足。

第五、內助型：在生活上，她使你無後顧之憂；在精神上，當你受到挫折、吃了官腔，她會適時給你鼓勵、給你安慰；在事業上，她是你的助力，是你的支柱。有人說：「一個成功男人的背後，一定有個傑出的女人。」這傑出女人就是這型太太，她們通常在先生的成就上扮演一定的角色。

第六、柔情型：順服自己的丈夫，關心自己的丈夫。丈夫有不對的地方，她會勸諫；丈夫有不合她心意的選擇，她會反對。不過反對儘管反對，一旦先生決心要做的時候，她也會放棄堅持，忍耐順服。例如有些太太非常反對丈夫從政，可是當丈夫在朋友勸說下決定參選，她照樣夫唱婦隨，跳出來幫丈夫站台助講。

第七、護理型：她像醫師，又像護士，你的飲食，你的作息，全在她掌控之中；你何時該吃，何時該動，她也有精心的設計，總不忘提醒你。她不讓你因貪吃而長出太多贅肉，不讓你因亂吃而吃下太多膽固醇，也不讓你因熬夜而影響健康。除此之外，有的甚至還兼為你療治心疾。據說有位首長退休之後，不能適應由絢爛歸平淡的生活，不半年而精神有異，其夫人幾經觀察，終於看出病因。於是將先生的書房特意佈置得像首長辦公室一樣，每天菜單，必先呈核；家人外出，也須呈遞假條，這位退休首長在夫人安排下，或「如擬」或「照准」的批了一個月後，精神狀況也就正常起來。

太太不管是那一型，總之是情人眼裡出西施，她的那一張臉，你覺得可愛的時候，即使如無鹽、嫫母，看來也眉目清秀；你覺得討厭的時候，即使如毛嬙、西施，其一顰一笑也惹人心煩。

帶太太參加應酬是一件苦事，應酬前她們慢吞吞的化妝，常讓先生急得在客廳不停走動，時間之長，足可磨平一雙鞋底。應酬後還要忍受不停的抱怨，人家的先生對太太如何如何，自己的先生又如何如何，總之是你虧待了她。

陪太太買東西更需要很大的耐力，她們買樣東西跑上七八家是家常便飯，一件衣服看了一兩天仍無結果的，也不足爲奇。她們慣於挑剔，這件顏色不對，那件花色不好，價碼合適的款式可能太舊，式樣滿意的價錢又可能太昂。所以陪太太買東西是一種磨鍊，「苦其心志，勞其肋骨。」如果你能陪太太跑上幾條街而不怨不尤，面無慍色，你便有資格擔負國家大任。「笑駡由他笑駡，好官我自爲之。」一個人能有這樣的涵養，大概也是靠太太調教出來。

有很多男人，對自己太太是永遠不會滿意的，所謂「文章自己的好，老婆人家的好。」如果當他感到太太自己的好、太太的能力比自己強、太太的地位比自己高的時候，心理學家認爲婚姻就會亮起紅燈。因爲這樣的情形，會使先生產生自卑，會增加夫妻間的磨擦。

我不曉得一般男人是不是都有這樣的心理，不過我知道也有很多男人是以太太的成就爲榮的，在他們看來，如果自己是英國的菲立普親王，如果自己是若干年前的柴契爾先生，站在女王或首相的身旁，他們的感覺應該不是自卑，而是自傲，因爲那個令萬人稱羡的頂尖女人，就是他的太太。

丘遲的勸降書

「與陳伯之書」賞析

讀古文，筆者始終認爲諸葛武侯的「前後出師表」是最具心戰價值的文告；而丘遲的「與陳伯之書」，則是一篇最有煽動性的勸降書。丘遲的這篇大作，從純文藝的觀點來看，可謂文情並茂，是一篇生動感人的文章；就心戰的觀點來看，它十足地把握了對方的心理弱點，有效地運用了每一個心戰原則，可以說是歷史上最成功的招降書。雖不能謂爲絕後，寧不嘆爲空前！我們祇從陳伯之讀後「即自壽陽梁城率兵八千歸梁」的反應觀之，即可見筆者的言之不謬了。

丘遲何以能使此書產生這樣「兵不血刃」、「不戰屈人」的驚人力量？無疑地，乃是基於他對伯之的瞭解。丘遲與伯之誼屬同鄉（皆生長於梁濟陰睢陵地方），對於伯之的家世以及他如何降梁、如何附魏的歷史，瞭若指掌，因之其爲書也聲聲扣動伯之的心弦。丘遲當奉到臨川王蕭宏要其作書招降的任務以後，應曾費過一番功夫，他根據既知的資料，進而研究伯之當時的心理，根據精密的分析，他判斷伯之可能有下列四種心理：

第一、思家心理：

他認爲伯之的家和親人既都在梁境，而且其本人也是生於斯、長於斯，則人非草木，孰能無情，他不可能沒有鄉土之思。

第二、恐懼心理：

伯之既是靦顏事敵，與異族同處，縱使北魏對其毫無猜疑，遲認爲度之常情，伯之自己也難免疑神疑鬼，惶惑不安。

第三、悔恨心理：

人之失足，決於一念。丘遲認爲伯之之反，只是一念之差。事後追思，想起過去的榮耀，想起家人團聚之樂，必然悔恨不已。

第四、猶疑心理：

伯之既不免上述情形，遲認爲此時的伯之，必然是身在異邦，而心在梁國。祇是未獲梁朝對他的態度如何，何去何從，猶疑不定。

丘遲既判定伯之有以上的四種心理，下面我們就開始分析他是怎樣技術地運用他研判的結果，對準對方的心理弱點和對方最感痛苦惶惑之事，死命地展開攻擊：

第一、曉之以利害：

「與陳伯之書」內的第三段，可以說都是這一原則的運用。我們且看丘遲的手法：「夫以慕容超之強，身送東市；姚泓之盛，面縛西都。故知霜露所均；不育異類：姬漢舊邦，無取雜種。北虜僭盜中原，多歷年所，惡積禍盈，理至燋爛。況僞孽昏狡，自相夷戮，部落攜離，酋豪猜貳。方當繫頸蠻邸，懸首藁街。而將軍魚游於沸鼎之中，燕巢於飛幕之上，不亦惑乎？」他首先引證南燕主慕容超、後秦主姚泓終被殺害的例，說明華夷之別，北魏亦必不容於異族。暗示他今日的處境，無異與虎謀皮，凶多吉少，將來的結果，又誰知能例外呢？丘遲繼之以分析，詳述北魏內部的危機，部落首領你爭我奪，相互殘殺，局面已經亂透了。謂伯之之附魏，等於「魚游於沸鼎之中，燕巢於飛幕之上」，這環境豈不是太危險了！這真是一針見血，明知其內心本已恐懼，更極盡其嚇唬之能事。

第二、動之以鄉情：

「暮春三月，江南草長，雜花生樹，群鶯亂飛；見故國之旗鼓，感生平於疇日；撫弦登陴，豈不愴悢？」「將軍松柏不翦，親戚安居，高臺未傾，愛妾尚在，悠悠爾心，亦何可言！」

這兩段完全是針對伯之的思家（親）心理而發，一方面告訴他，說他的祖墳仍如過去一樣，尊親妾戚都還是安居健存。另方面則描述故國山河此時「雜花生樹，群鶯亂飛」的美麗景象。很明顯地，他是再再在引起和加重伯之的鄉土之思和兒女情長。尤其是關於其親人的生死，伯之在魏，總難免會風聞到一些不利的謠傳，如果你不特別指出安好如初，則「不共戴天」之激，說不定硬逼上梁山，更不用言來歸了。

第三、釋之以狐疑：

不咎既往和保證其來歸的安全，在心戰上是最為重要的。否則對方雖有來歸之志，亦必惶惑而不敢見諸於行。我們且看丘遲是怎樣在運用這一心理：「聖（梁）朝赦罪責功，棄瑕錄用，推赤心於天下，安反側於萬物，此將軍之所知，非假僕一二談也。朱鮪喋血於友于，張繡剚刃於愛子，漢主不以為疑，魏君待之若舊。況將軍無昔人之罪，而勳重於當世？夫迷途知反，往哲是與；不遠能復，先典攸高。主上屈法申恩，吞舟是漏。」他首先說明梁朝「赦罪責功」不疑降人的決心，尤恐伯之懷疑，再舉漢光武寬恕朱鮪害兄之恨、曹操不計張繡射子殺侄之仇的事例，說明建大事者的不計小怨，使其深信。最後更進一步說：何況你伯之還沒有朱、張那樣傷及骨肉的罪，而且你往昔對梁朝還有過不少汗馬功勞呢？這無非是在增加其安全感，和減除其內心猶豫不決的矛盾情緒。

第四、激之以悔心：

惟其不盡的後悔，才有反正的可能。丘遲對這點似有特殊的認識，所以他用了最多的文字，針對伯之的悔恨心理益增其悔恨。我們看：「將軍勇冠三軍，才爲世出，棄燕雀之小志，慕鴻鵠以高翔。昔因機變化，遭遇明主，立功立事，開國稱孤，朱輪華轂，擁旄萬里，何其壯也！如何一旦爲奔亡之虜，聞鳴鏑而股戰，對穹廬以屈膝，又何劣邪！」「今功臣名將，雁行有序，佩紫懷黃，讚帷幄之謀；乘軺建節，奉彊場之任；並刑馬作誓，傳之子孫。將軍獨靦顏借命，馳驅氈裘之長，寧不哀哉？」丘遲寫此書，闢首就來一個比較，讓伯之嚮往過去乘貴人車仗節萬里的榮耀，厭恨今日卑躬屈膝依附北虜的處境。接著是宣傳他過去的同僚，現在莫不榮極一時，或則入閣，聞軍國之事；或則封彊，負方面之任。這裏隱約告訴伯之，謂你伯之何其不智乃爾？如不是投降北魏，憑你過去的功績，主上還會虧待你嗎！最後丘遲更直截了當，擊中伯之的心思，特別指出他靦顏借命爲魏人驅使效命的悲哀，益增其困惑。似這樣反覆論述，伯之怎能不無動於衷！

以上爲筆者讀「與陳伯之書」的概略分析。丘遲的這篇作品，論字數，還不滿一千，論內容，則無所不包；凡有助其說服者，莫不羅掘無遺。而且最奇妙處，即我們今日所研究的心戰原則，他裏面幾無所不用其極，真所謂「奇文驚鬼膽，高論破天荒！」令人佩服不已。

附「與陳伯之書」原文：

遲頓首，陳將軍足下：無恙，幸甚，幸甚！將軍勇冠三軍，才為世出，棄燕雀之小志，慕鴻鵠以高翔。昔因機變化，遭遇明主，立功立事，開國稱孤，朱輪華轂，擁旄萬里，何其壯也！如何一旦為奔亡之虜，聞鳴鏑而股戰，對穹廬以屈膝，又何劣邪！

尋君去就之際，非有他故。直以不能內審諸己，外受流言，沉迷猖獗，以至於此。聖朝赦罪責功，棄瑕錄用，推赤心於天下，安反側於萬物，此將軍之所知，不假僕一二談也。朱鮪喋血於友于，張繡剚刃於愛子，漢主不以為疑，魏君待之若舊。況將軍無昔人之罪，而勳重於當世？夫迷途知反，往哲是與；不遠而復，先典攸高。主上屈法申恩，吞舟是漏。將軍松柏不翦，親戚安居，高臺未傾，愛妾尚在，悠悠爾心，亦何可言？今功臣名將，雁行有序，佩紫懷黃，讚帷幄之謀；乘軺建節，奉疆埸之任；並刑馬作誓，傳之子孫。將軍獨靦顏借命，驅馳氈裘之長，寧不哀哉？

夫以慕容超之強，身送東市；姚泓之盛，面縛西都。故知霜露所均，不育異類；姬漢舊邦，無取雜種。北虜僭盜中原，多歷年所，惡積禍盈，理至燋爛。況偽孽昏狡，自相夷戮，部落攜離，酋豪猜貳。方當繫頸蠻邸，懸首藁街；而將軍魚游於沸鼎之中，燕巢於飛幕之上，不亦惑乎？

暮春三月，江南草長，雜花生樹，群鶯亂飛；見故國之旗鼓，感生平於疇日；撫弦登陴，豈不愴悢？所以廉公之思趙將，吳子之泣西河，人之情也。將軍獨無情哉？想早勵良規，自求多福。

當今皇帝盛明，天下安樂：白環西獻，楛矢東來；夜郎、滇池，解辮請職；朝鮮、昌海，蹶角受化。唯北狄野心，倔強沙塞之間，欲延歲月之命耳。中軍臨川殿下，明德茂親，總茲戎重；弔民洛汭，伐罪秦中。若遂不改，方思僕言。聊布往懷，君其詳之！丘遲頓首。

「樵」與「樽」

讀林義杜先生大作的省思

經濟部前參事兼政風處處長林義杜先生在貿易局通訊四十二期寫了一篇文章—「樵」的省思，以文中提及筆者前年與經濟部參事群的一段故事，特影印一份見贈，拜讀之下，遂引起筆者對三國演義開場詞查證的興趣。

林義杜先生寫「樵」的省思，自述是讀了名記者于衡先生在中副發表的一篇懷念司法院黃前院長少谷的文章而引起的，這篇文章一開頭便引用了三國演義的開場詞，原詞如下：

「滾滾長江東逝水，浪花淘盡英雄。是非成敗轉頭空，青山依舊在，幾度夕陽紅。白髮漁樵江渚上，慣看秋月春風。一樽濁酒喜相逢，古今多少事，皆付笑談中。」

林義杜先生認爲其中「漁樵」的樵字有問題，並舉前參事杜乃濟先生的一幅名家題字中亦爲「漁翁」之例，以證明于文中的「樵」字有誤。

筆者也很喜歡這闋詞，七年前在本刊二七〇期所寫「爭千秋不爭一時」的短文中就曾引用過，在筆者記憶中，于文所引應該沒有錯誤。惟杜乃濟先生收藏的一幅名家題字既然是「白髮漁翁」，而非「白髮漁樵」，寫字的人想必定有所本，因此翻遍各版三國演義，發現除大中國、文源、三民等三家為「白髮漁翁」外，其餘聯經、黎明、世界、文化、建宏、桂冠、漢風、里仁、老古、光復等公司印行者，均為「白髮漁樵」。

此處究應為「漁翁」或「漁樵」？依據林文的看法似應為「漁翁」，其理由為樵夫是上山打柴的，其中如有樵夫，則必須預約並靠漁夫把他帶過江來，否則就不能用「喜相逢」了。

林文此一解釋，如純從字面上分析，其立論應是正確的。不過筆者卻有不同的想法，我認為此處應為「漁樵」，不應為「漁翁」。林文應為「漁翁」的結論，可能係受了于文抄寫錯誤或中央日報排印錯誤的影響；因為「慣看秋月春風」之下，應為句號，而非點號，筆者翻遍各版三國演義，幾無一本為點號者。既為句號，則該詞的第三段「白髮漁樵江渚上，慣看秋月春風。」實是第一、二段的總結，與第四段的「一樽濁酒喜相逢」根本扯不上關係。而且在一般情況下，人與人間，只有好久不見，不期而遇，才有「喜相逢」的感覺。如改為「白髮漁翁」，既都是在水中討生活的，在江渚上隨時可見，則「一樽濁酒喜相逢」「喜」從何來？可見「一樽濁酒喜相逢」既不是「漁翁」，也不一定是「漁樵」，極可能係指作者與他的朋友。

至於三國演義開場詞中的「漁樵」，筆者認爲並非特指漁人或樵夫，而是一種閒適生活的代名詞。因爲過去漁樵這兩種職業閒適逍遙，瀟灑不羈，所以一有機會，難免會在一塊閒聊，即現在所謂的「小道傳播」。茲抄幾首詩詞，以證明筆者上說之不謬。

馬致遠「秋思」：「……想秦宮漢闕，都做了衰草牛羊野，不恁麼，漁樵沒話說。」

白樸「慶東原」：「忘憂草，含笑花，勸君聞早冠宜掛。那裡也能言陸賈，那裡也良謀子牙，那裡也豪氣張華。千古是非心，一夕漁樵話。」

鄧玉賓「道情」：「……閒來幾句漁樵話，困來一枕葫蘆架。……」

馬謙齋「夏」：「……漁樵閒訪，先生豪放。詩狂，酒狂，志不在凌煙上。」

張文潛「夏日」：「……久斑兩鬢如霜雪，直欲樵漁過此生。」

由以上幾首詩詞內容可知，在過去，「漁」和「樵」是常被詩人、詞人聯在一起的，此所謂的「漁樵」，只是代表閒適自在的一群，他們無事時喜歡聊天，而聊的內容則偏向於歷朝興衰、英雄成敗。沒有興衰成敗的故事，漁樵便沒有聊天的題材，所謂：「不恁麼，漁樵沒話說。」「千古是非心，一夕漁樵話。」此外，讀書人一旦厭倦了官場的勾心鬥角，也會嚮往與世無爭、自由自在的漁樵生活，所謂：「久斑兩鬢如霜雪，直欲樵漁過此生。」

三國演義開場詞中另一有爭議的爲倒數第三句「一樽濁酒喜相逢」，其中究應爲「一樽」或「一壺」？林文雖曾提及另有版本稱「一壺」，惟未說明其個人看法。經查各版三國演義中，幾乎多爲「一壺」，而少有「一樽」者。于衡先生寫爲「一樽」，想必亦有所本。不過就筆者個人而言，我是較偏向於「一樽」的。樽（亦寫作尊或罇）與壺均爲盛酒之器，兩者通常配合使用，壺是「盛」的作用大於「飲」，樽是「飲」的作用大於「盛」，不過漁樵農工以及阿兵哥所用的壺，不論盛酒、盛水，都兼具盛與飲的功用，因爲他們習慣上是不另準備樽或杯的。一般說來，用樽飲酒，自較用壺飲酒爲雅。爲便於說明，特將蘇東坡的念奴嬌—赤壁懷古抄錄如下：

「大江東去，浪淘盡千古風流人物。故壘西邊人道是：三國周郎赤壁。亂石崩雲，驚濤裂岸，捲起千堆雪。江山如畫，一時多少豪傑！遙想公瑾當年，小喬初嫁了，雄姿英發。羽扇綸巾談笑間，檣櫓灰飛煙滅。故國神遊，多情應笑我，早生華髮。人生如夢，一尊還酹江月。」

看了蘇東坡的赤壁懷古，再看三國演義的開場詞，就知道三國演義開場詞的前兩句「滾滾長江東逝水，浪花淘盡英雄。」顯然是羅貫中參考蘇詞的前兩句「大江東去，浪淘盡千古風流人物。」而改寫的（蘇詞氣勢豪邁，羅改寫詞亦不弱）。羅貫中既可參考蘇詞的前兩句，則其最後一句「一尊還酹江月」自然也可能參考。以羅貫中的文學造詣，當不致捨「一樽」而取「一壺」，即棄雅就俗。我們如試將蘇詞「一尊還酹江月」改爲「一壺還酹江月」，則意境就差多了。同樣，如將開場詞中「一樽濁酒喜相逢」改爲「一壺濁酒喜相逢」，似乎也不及前者典雅，故「一壺」應還原爲「一樽」，正如「漁翁」應還原爲「漁樵」一樣，于文所引用的三國演義開場詞，除其中第一、三段末有兩個點號應改爲句號外，其餘均沒有錯誤，未知讀者及林義杜先生以爲然否？

附林義杜先生回應文：「樵」的餘漾

——讀江南風先生大作的回應

去年十一月一日，中央日報副刊有一篇名記者于衡先生懷念前司法院院長黃少谷先生的文章。于先生選用了「三國演義」篇首羅貫中的詞為開場白。由於羅詞中的一句「白髮漁樵江渚上」的「樵」字引發了筆者一些聯想，寫了一篇「樵的省思」，刊於本年元月十五日貿易局通訊四十二期。

拙文的著眼點在「樵」這個行業，因科學的進步及社會的轉型，「樵」已漸漸地沒落，甚至消失成為歷史名詞，以之勸勵大家必須追求進步，要活到老學到老，是一篇勵志的文章。為了破題，也引用了于文羅詞中的一個「樵」字，初未作深入的詩詞考證工作，只在入題的敘述過程稍做分析而已。文中並提及名作家江南風先生八十四年間與經濟部參事群的一段故事，於是影印了一份送請江南風先生指導斧正。

名作家江南風先生其實是經濟部前簡任秘書孫希如先生的筆名。孫秘書的文學造詣以及研究精神，筆者在經濟部參事任內深有領教，極為佩服。凡是江南風先生的文章，一經報刊發表，筆者必定搶先拜讀，對孫先生視野之廣闊、思慮之周密及蒐證之豐富，常嘆不如並興思齊之念。拙文的影送江南風先生，確希望能蒙名家的指正。而孫秘書果然不吝指導，於本年三月號的「今日經濟」三五五期刊出了回應，題目是「樵與樽—讀林義杜先生大作的省思」。對拙文中所提到的「樵」與「樽」，有了不同的看法。

于衡先生所引用的羅詞原文為：「滾滾長江東逝水，浪花淘盡英雄，是非成敗轉頭空，青山依舊在，幾度夕陽紅。白髮漁樵江渚上，慣看秋月春風，一樽濁酒喜相逢，古今多少事，皆付笑談中。」筆者在拙文「樵的省思」中認為此處的「樵」字有點問題，應該只有漁翁聚飲比較切合意境。又指出「一樽」另有版本稱「一壺」，是指其「容量不大」的方向去考慮，並未從雅俗與否作分析。未想到，名家畢竟不同，江南風先生居然大大地下了一番查證的功夫，找了十一家的版本來印證研究。這樣的治學精神，正是筆者思齊的地方，也引發了筆者對羅詞中「樵」與「樽」二字查證分析的興趣。經蒐閱唐宋名詩詞的結果，此番卻有了更多的體認，也更支持筆者自己原先的看法。特再為此文，以就教於江南風先生。並請各位讀者提供意見，共同來討論討論，不亦樂乎！

此處究應為「漁翁」或「漁樵」？筆者原認應為「漁翁」，除求證經濟部前參事杜乃濟先生府上一幅名家題字外，依該詞的其他句子分析，「樵」的出現率應該不高。但江南風先生以筆者乃純自字面上解析，並舉馬致遠、白樸、鄧玉賓、馬謙齋、張文潛諸先輩的詩詞為證，認為「漁」和「樵」在過去常被詩人、詞人聯在一起，因為「漁樵」是代表閒適自在的一群，他們喜歡聊天，那些歷朝興衰、英雄成敗的故事，都是他們聊天的內容，而讀書人一旦厭倦了官場的勾心鬥角，也會嚮往與世無爭、自由自在的漁樵生活，詩人張文潛的「夏日」末兩句就寫了「久斑兩鬢如霜雪，直欲樵漁過此生。」而推認羅詞此處應為「白髮漁樵」。江南風先生的這段分析，筆者百分之九十九同意，仍有百分之一的自我堅持。不過並不是毫無理由的固執，也舉幾位名詩人的詩詞句如下：

孟浩然「秋日赴闕題潼關驛樓」：「……樹色隨山迴，河聲入海遙，帝鄉明日到，猶自夢漁樵。」

孟浩然「宿業師山房待丁大不至」：「……樵人歸欲盡，煙鳥棲初定，之子期宿來，孤琴候蘿徑。」

元稹「菟絲」：「人生莫依倚，依倚事不成；君看菟絲蔓；依倚榛與荊。下有狐兔穴，奔走亦縱橫；樵童砍複擊，柔曼與之并。」

杜甫「秋興」：「……日日江樓坐翠微，信宿漁人還泛泛。……」

柳宗元「漁翁」：「漁翁夜傍西巖宿，曉汲清湘燃楚竹。煙銷日出不見人，欸乃一聲山水綠。……」

前面所舉五例，有的「漁」「樵」聯在一起，有的單提「樵」，也有的單提「漁」。筆者認為：詩詞除講究平仄外，在內容上應講究意境及場景。字字「推」「敲」，一點馬虎不得。前述第一例，漁樵聯用，明顯是指閒適自在的一群（即江南風先生所舉各例的一群）。第二例因場景在「山房」，自然只能出現「樵人」。第三例場景是砍擊柔蔓，當然也輪不到漁童。第四例杜甫在江樓，看到的多半是漁人。第五例划船的「欸乃一聲」，自不可能由樵夫所造成。所以第二至第五的例句，若是漁樵聯用，恐難成為名詩詞而能被今人所傳誦！據此：羅貫中的詞其場景在「江渚上」，江渚是河川中的沙洲，要靠舟船運渡。柳永的「夜半樂」中，便有「扁舟一葉，乘興離江渚。」之句。拙文「樵的省思」中，認為樵夫是上山打柴的，如要到江渚上必須靠漁夫把他帶過江來，應該是很切合意境與場景的分析。再看看後面一句：「一樽濁酒喜相逢」，酒只帶一樽，樽（亦寫作尊或罇）是盛酒之器，一般當它是

「杯」，這樣小的量，而且只有一尊，可見只準備自己喝喝，並未打算共飲。分明是不期而遇甚為驚喜的「喜相逢」，羅詞才會寫上這麼巧妙的一句。如果對方也只是一個人，則更不可能為樵夫了，各位同好以為如何？

江南風先生的另外一個意見，是對羅詞中「一樽濁酒」與「一壺濁酒」究竟是「樽」還是「壺」？認為「樽」較雅，「壺」較俗，以羅貫中的文學造詣，當不致捨雅就俗，主張羅詞之句應為典雅的「一樽濁酒喜相逢」。筆者對於此點，在拙文「樵的省思」中只提示「另有版本稱一壺，量亦不大」，是否典雅並未在意。經江南風先生提出此一雅俗問題，筆者也覺得有加以研究的必要。在唐詩宋詞中，我們可以發現一個有趣的事實，似乎每一位詩人或詞人都離不了酒，詩詞中多半描寫有酒，而盛酒之器所用的字，最多是「杯」，其次是「尊」，再次為「壺」，還有「瓢」、「盞」等等，也舉幾個例句如下：

范仲淹「漁家傲」：濁酒一杯家萬里。

黃庭堅「鷓鴣天」：人生莫放酒杯乾。

王　維「渭城曲」：勸君更盡一杯酒。

李　白「行路難」：且樂生前一杯酒。

杜　甫「贈別」：唯覺尊前哭不成。
歐陽修「浣溪沙」：人生何處似尊前。
錢惟演「木蘭花」：昔日多病厭芳尊，今日芳尊惟恐淺。
李　煜「漁父」：一壺酒，一竿綸，世上如儂有幾人。
高　適「醉後贈張旭」：床頭一壺酒，能更幾回眠。
韋應物「寄全椒道士」：欲持一瓢酒　遠慰風雨夕。
程顥「郊行即事」：莫辭盞酒十分勸。

由以上各例句看來，應該用那一個字較妥？還是要看詩人所描寫的意境及場景為何而定，似乎並沒有雅俗的問題。且看詩仙李白的千古絕唱「月下獨酌」，我國小學生大多會背誦，頭一句便是「花間一壺酒」。若說「一壺」比「一樽」為俗，恐怕也是見仁見智了。

至於羅貫中詞的頭兩句「滾滾長江東逝水，浪花淘盡英雄。」江南風先生認為係參考蘇東坡「赤壁懷古」前兩句「大江東去，浪淘盡千古風流人物。」而改寫。筆者也有同感。但是羅詞的「一尊濁酒」江南風先生認為也可能參考蘇詞「一尊還酹江月」而來，筆者則以為未必。因為羅貫中其實還參考了與蘇東坡先後官拜翰林學士的陳與義的「臨江仙」詞句。陳詞錄如下：

憶昔午橋橋上飲，坐中多是豪英，長溝流月去無聲。杏花疏影裡，吹笛到天明。

二十餘年如一夢，此身雖在堪驚。閒登小閣看新晴，古今多少事，漁唱起三更。

羅貫中把陳與義的「古今多少事」原句照抄過來。陳詞只提「漁唱」，未說「樵唱」或「漁樵唱」。此處似也可旁證說明羅詞的後段並未參考蘇詞。因此「一尊還酹江月」，應未被改用。我們看看「酹」這個字，是個動詞，是一種倒酒祭神的動作。蘇東坡灑酒酹江月，當然是舉尊，不可能舉壺。羅詞的老翁對飲或群飲，與酹江月的意境及場景完全不同，有可能是「一壺濁酒喜相逢」而不僅只「一樽」。不知各位讀者及江南風先生以為然否？

再談「樵」與「樽」

—回應林義杜先生大作—樵的餘漾

今年三月，筆者在本刊三五五期寫了一篇短文「樵與樽—讀林義杜先生大作的省思」，主要係針對林先生在貿易局通訊四十二期發表的一篇文章「樵的省思」提出一點淺見，即認爲于衡先生在中副所引用的的三國演義開場詞（或稱卷頭詞）文字「漁樵」與「一樽」並沒有錯誤。不料林義杜先生下了很大的功夫蒐證，今年五月，又在本刊三五七期寫了一篇「樵的餘漾—讀江南風先生大作的回應」，仍然深信該詞中「漁樵」應爲「漁翁」，並說「江南風先生的這段分析，筆者百分之九十九同意，仍有百分之一的自我堅持。」其實這只是作者自謙之語，因爲這百分之一，實際上就是百分之百。

有關「樵」的問題

拙作「樵與樽」發表後，雖然同意筆者意見的朋友不少，不過不認同筆者看法的也有，其中林義杜先生就一直堅持「漁樵」應爲「漁翁」，經濟部參事鐘永璉先生也認爲「漁翁」合適。究應爲「漁樵」或「漁翁」？看來又是見仁見智的問題了。

筆者發現，大凡一首好詩、一首好詞，都不免這種情形。因爲詩詞的作者原來寫的是某一字，而後人編纂時爲求其更好，難免照己意更動一、二字（王安石就有更改前人詩詞的雅好），於是就出現了不同的版本。三國演義開場詞中，固然有「漁樵」與「漁翁」、「一樽」與「一壺」的爭議；林先生在「樵的餘漾」中列舉的李煜詞「漁父」：「一壺酒，一竿綸，世上如儂有幾人。」其中也有「一竿綸」與「一竿身」的爭議；馬致遠的一首極富盛名的小令「天淨沙—秋思」：「枯藤老樹昏鴉，小橋流水平沙，古道西風瘦馬，夕陽西下，斷腸人在天涯。」其中第二句也有「平沙」與「人家」的爭議。

可見少數幾個字的爭議，對一首好詩、好詞是不免的。我們讀前人的詩詞，對爭議字的看法，不在考證原作者如何寫，而在研究用那一個字可使原詩、原詞更具美感，更能引起讀者的共鳴。基於此一理念，對上述三詞，李煜的「漁父」，筆者較偏愛「一竿身」；馬致遠的「天淨沙—秋思」，則偏愛「小橋流水平沙」（以上兩詞因非本文主題，理由省略）；

至於三國演義開場詞，當然是偏愛「白髮漁樵」了。其理由筆者在本刊三五五期「樵與樽」的短文中已寫得很明白：

「林文應爲『漁翁』的結論，可能係受了手文抄寫錯誤或中央日報排印錯誤的影響；因爲『慣看秋月春風』之下，應爲句號，而非點號，筆者翻遍各版三國演義，幾無一本爲點號者。既爲句號，則該詞的第三段『白髮漁樵江渚上，慣看秋月春風。』實是第一、二段的總結，與第四段的『一樽濁酒喜相逢』根本扯不上關係……可見『一樽濁酒喜相逢』既不是『漁翁』，也不一定是『漁樵』，極可能係指作者與他的朋友。至於三國演義開場詞中的『漁樵』，筆者認爲並非特指漁人或樵夫，而是一種閒適生活的代名詞。」

爲了幫助說明，茲再將三國演義開場詞分段簡釋如下：

「滾滾長江東逝水，浪花淘盡英雄。」在那滾滾長江東逝水般的歷史洪流中，一波一波的浪花，淘盡了多少英雄豪傑。

「是非成敗轉頭空，青山依舊在，幾度夕陽紅。」人生數十寒暑，不管是也好、非也好，成也好、敗也好，到頭來還不是鏡花水月一場虛空，只有青翠的山依舊存在，瑰麗的夕陽還是一度又一度的紅了又紅。

「白髮漁樵江渚上，慣看秋月春風。」一些閒適自在的老人，他們在江上、在渚上，對這樣秋月春風來了又去、去了又來的世事變化，真是看得太多了。

「一樽濁酒喜相逢，古今多少事，皆付笑談中。」老友難得見面，高高興興地共飲一杯濁酒慶賀相逢，至於古往今來一些興衰成敗的瑣事，且都當作故事付諸笑談中吧！

從以上的簡釋，可以看出第三段實際上是第一、二段的總結，不是第四段的開頭；因為「慣看秋月春風」之後是句號，而非點號。換句話說，第一、二、三段都是過去式，只有第四段是現在式。所以筆者前文（樵與樽）認為「一樽濁酒喜相逢」，既不是「漁翁」，也不一定是「漁樵」；極可能係指作者與他的朋友，不是無因的。嚴格說來，也只有作者與他的朋友，才有可能笑談天下事；至於真要是漁人或樵夫，擺擺龍門陣則可，議論天下事，則不可能不受限於他們的知識。

當然，漁樵中隱者是有的，但絕非真正的漁人或樵夫，他們多只是以漁樵作幌子。例如姜太公，他應該算個漁人吧！但他釣魚的鉤是直的，所謂「姜太公釣魚，願者上鉤。」他真正想釣的目標是周文王。諸葛亮自謂「躬耕南陽」，他應該算個農人吧！但他所謂「躬耕」也是假的，他弟弟答復劉備有關他的行蹤時說：「或駕小舟游於江湖之中；或訪僧道於山嶺之上；或尋朋友於村落之間；或樂琴棋於洞府之內；往來莫測，不知去所。」試想有這樣的閒情逸緻，像個「耕夫」嗎？他真正的目的是要劉備用，而且擺足架勢要劉備重用。

隱者中真能放下身段的只有一個陶淵明，他棄官歸隱，是真的在田中幹活：「晨興理荒穢，戴月荷鋤歸。」就是說他清晨披星而出，月夜荷鋤而歸。儘管他這樣辛苦，但還是不得一飽。我們看他的詩：「夏日長抱饑，寒夜無被眠。造夕思雞鳴，及晨願鳥遷。」這就是說他夏天常常挨餓，冬天沒有被蓋。因爲沒有被蓋，到晚上就希望雞叫，雞一叫就天亮起床了，這時沒有被也不打緊。因爲常挨餓，又希望天黑，天黑了就可以上床睡覺，而不必吃飯了。可見他求溫求飽都不可得，如果在今天，他是絕對有資格列入一級貧戶的。爲甚麼他那麼勤勞而仍不得一飽呢？因爲他太外行了。除草是要用手拔的，即連根拔，所謂「斬草不除根，春風吹又生。」他用鋤頭除草，這邊鋤完，那邊又長，怎能不「草盛豆苗稀」呢？

讀書人不但種田不行，做樵夫更不行，因爲砍樹要力氣，砍好的樹材揹回家也要力氣，拿去市場賣也要力氣，手無縛雞之力的文弱書生行嗎？至於作漁人，岸邊垂釣怡情養性則可，如真要駕舟撒網捕魚，套一句現代語彙，真是「門都沒有」。所以筆者認爲詩人、詞人心中的「漁樵」，實際上只是閒適生活的代名詞，並不是須賴幹活維生的漁人和樵夫（專門寫漁人或樵夫者例外）。張文潛的「直欲樵漁過此生」，亦可作如是觀；他只是嚮往與世無爭、自由自在的生活，並不是真的要作漁作樵。如果他真的作漁作樵，大概也會像陶淵明一樣，成天在饑餓邊緣掙扎，那能閒適自在？

可見不論從詞的分段或飲酒者談話的內容來看，「喜相逢」都應是作者與他的朋友，既不涉及漁夫帶樵夫過江的問題。原詞第三段不知林義杜先生是否同意仍以維持「白髮漁樵」爲宜？

有關「樽」的問題

林義杜先生在唐詩宋詞中查出很多盛酒之器，如「樽」、「杯」、「壺」、「瓢」、「盞」等，其中「樽」、「杯」、「盞」，其實都是酒杯；「杯」是普通的酒杯，「盞」是小酒杯，「樽」是比較高級一點的酒杯，多爲官家用，後來士子也用。目前很少人用「樽」，年輕人知其模樣者恐亦不多，筆者家中幸有一「樽」，銅質，不過從未盛過酒，僅作爲擺飾。至於「瓢」，不僅目前不見用，過去也很少用，因爲只有自己釀酒，或有酒缸的人家，才能派上用場；需在市上沽酒的人家，是不可能用「瓢」的。

「壺」是極爲普通的一種盛酒之器，有掛在身上的「壺」，也有放在桌上的「壺」。放在桌上的「壺」，是一般飲酒用；掛在身上的「壺」，則幾乎是漁樵農工等勞動階層的專用品。這些勞動階層通常是不備酒杯的，酒癮來時打開壺蓋喝一口。至於吳樹本的「漁家」所寫：「一曲高歌一尊酒，移舟隱臥荻蘆邊。」這個漁人竟用「尊」喝酒，如果不是他有與眾不同的習慣，就是詩人閉門造車想像中的情況，可能有點偏離事實。

談了各種盛酒之器的名稱之後，以下再就林義杜先生大作中有關「樽」的質疑及論證分別作一說明：

第一、林文認爲沒有雅俗的問題，並舉例說：「且看詩仙李白的千古絕唱『月下獨酌』，我國小學生大多會背誦，頭一句便是『花間一壺酒』。若說『一壺』比『一尊』爲俗，恐怕也是見仁見智了。」筆者必須說明的，「花間一壺酒」的「壺」，與「一壺濁酒喜相逢」的「壺」是不同的，前者的「壺」，如也改爲「尊」，那就不是見仁見智的問題，也無關雅俗，而是大錯特錯。我們看「月下獨酌」的前四句：「花間一壺酒，獨酌無相親；舉杯邀明月，對影成三人。」因爲第三句有「杯」，其第一句是不可以改爲「尊」的。前面說過，「尊」也是酒杯一種，如第一句的「壺」改爲「尊」，便犯了古人作詩塡詞技術上應避免重複的大忌；而且第一句「壺」改爲「尊」，還涉及邏輯的問題，既然花間只是「一尊酒」，爲何第三句舉起來的會變成「杯」呢？同樣情形，第三句「舉杯邀明月」，也不可以改爲「舉壺邀明月」，否則不僅與第一句的「壺」重複，更涉及雅俗問題，試想一個詩人不舉樽、舉杯，居然「舉壺邀明月」，是不是粗俗了些？

第二、林文認爲：「至於羅貫中詞的頭兩句『滾滾長江東逝水，浪花淘盡英雄。』江南風先生認爲係參考蘇東坡『赤壁懷古』前兩句『大江東去，浪淘盡千古風流人物。』而改寫。筆者也有同感。但是羅詞的『一尊濁酒』，江南風先生認爲也可能參考蘇詞『一尊還酹江月』而來，筆者則以爲未必。」並作出結論：「因此『一尊還酹江月』，應未被改用。」此處可能係林義杜先生誤解筆者之意。按筆者前文（樵與樽）中所述：「羅貫中既可參考蘇詞的前兩句，則其最後一句『一尊還酹江月』，自然也可能參考。以羅貫中的文學造詣，當不致捨『一樽』而取『一壺』，即棄雅就俗。」顯然地，筆者係指「一樽」與「一壺」而言，即強調羅貫中既可參考蘇詞的前兩句，則最後一句中的「一尊」，自然也可以參考，不宜改為「一壺」，並非整句都參考。因為蘇東坡的「一尊還酹江月」與羅貫中的「一樽濁酒喜相逢」，無論在句型上、意境上都是不一樣的，前者是把酒灑在一輪明月的江中，後者是老朋友相逢自己喝酒，怎麼可能整句參考改用呢？

第三、林文認為：「羅詞的老翁對飲或群飲，與酹江月的意境及場景完全不同，有可能是『一壺濁酒喜相逢』，而不僅只『一樽』。」筆者承認意境及場景是與遣詞用字有關，也承認在這種場合喝酒應不只「一樽」，但必須強調者，凡是有「樽」、有「杯」者，也必然有「壺」；有「壺」者，便不一定有「樽」、有「杯」。我們看李煜的「漁父」：「一壺酒，一竿身，世上如儂有幾人。」這個「漁父」，肯定是沒有「樽」或「杯」的，因為帶壺同時又帶樽、帶杯，不符合漁人的習慣。再看一句成語故事「杯酒釋兵權」，成語中雖沒有提到「壺」，但你相信在那種場合會只有一杯酒嗎？因為有那麼多功臣名將共飲，可以肯定這個「杯酒」的「杯」是有「壺」配套的，而且是大的「壺」，甚至是「缸」。所以不能因為有「對飲」或「群飲」，就認為「樽」應改為「壺」，因為有「樽」就必然有「壺」，就如同有「杯」必然有「壺」一樣。

第四、林義杜先生在其「樵的省思」大作中，對於羅詞「一樽濁酒喜相逢」這一句，雖曾提及另有版本稱「一壺」，惟未說明其個人看法。在其「樵的餘漾」大作中，雖有些意見，惟其中有一段文字，似乎也是認同「一樽」的。我們看林文：「再看看後面一句：『一樽濁酒喜相逢』，酒只帶一樽，樽（亦寫作尊或罇）是盛酒之器，一般當它是「杯」，這樣小的量，而且只有一尊，可見只準備自己喝喝，並未打算共飲。分明是不期而遇甚爲驚喜的『喜相逢』，羅詞才會寫上這麼巧妙的一句。」這不是認同「一樽」麼？雖然其所持理由與筆者看法有異，但殊途同歸，他以「喜相逢」三字來證明此處應爲「一樽」，語氣甚爲肯定。就這點而言，算是所見略同了。

結論

林義杜先生發表「樵的省思」這篇文章，對筆者而言，是很有意義的。因爲這篇文章，才引起筆者對三國演義開場詞查證的興趣。因爲查證，才發現有好幾家出版社如世一、智揚、大佑等，居然漏了開場詞。這首詞詞意蒼涼，我們只讀詞的內容，就能預知三國時代一些英雄人物的最後結局，它是全書的精華，是不應且不宜省略的。也因爲查證，才發現各版三國演義中，除大中國、三民、文源等三家爲「白髮漁翁」外，其餘如聯經、黎明、世界、文化、建宏、桂冠、光復、漢風、里仁、老古等十公司印行者均爲「白髮漁樵」。如果據此作爲統計分析資料，看來認同「白髮漁樵」的編者似乎多些。也因爲查證，才發現各版三國演義中，幾乎多爲「一壺濁酒喜相逢」，而少有「一樽濁酒喜相逢」者（筆者在拙作「樵與樽」一中即曾指出）。儘管筆者偏愛「一樽」，但除了于衡先生外，還沒發現一家出版公司印行的三國演義可以證明筆者的看法。惟于衡先生引用的三國演義開場詞既爲「一樽濁酒喜相逢」，想必定有所本，依據爲何？至盼于先生能提供給本刊讀書及作者參考！

附林義杜先生回應文：休戰記

去年此時，筆者於中央日報副刊看到名記者于衡先生一篇文章，以「三國演義」篇首羅貫中詞為開場白。由於羅詞中有一句「白髮漁樵江渚上」的「樵」字，引起筆者一些聯想與感喟，乃寫了一篇「樵的省思」，刊於貿易局通訊四十二期。指出「樵」這個行業，由於科學的進步及社會的轉型已漸漸沒落，且趨向消失。以之勸勵大家要追求進步，不斷努力與學習，自強不息，始能保持永續的健壯存在。文中也引用了羅貫中詞，借以破題。於敘述過程提到羅詞的「樵」與「樽」坊間有不同的版本。筆者並因曾於貿易局杜前主秘乃濟先生辦公室看過名家題字，所用「臨江仙」詞句是寫「白髮漁翁江渚上」，而主張此詞句應以杜壁之詞為適宜。只是寫出自己的想法，並未作深入的詩詞考證工作。

拙文刊出後，由於文中尚提及名作家江南風先生民國八十四年與經濟部參事群的一段故事，筆者乃影印一份送請江先生指正。未料江南風先生大大地下了一番查證功夫，找了十一家版本來印證研究，有八家版本是「白髮漁樵」，只有「中國」「文源」「三民」三家為「白髮漁翁」，「樵」佔了多數。於是江南風先生在八十六年三月號「今日經濟」月刊三五五期刊出了回應，題目是「樵與樽—讀林義杜先生大作的省思」。江文的主要論點有二：其一、「漁樵」是代表閒適自在的一群，他們喜歡閒來聊天，談些歷朝興衰、英雄成敗的故事。讀書人一旦厭倦了官場的勾心鬥角，也會嚮往與世無爭、自由自在的漁樵生活。江南風先生並舉出馬致遠的「秋思」、白樸的「慶東原」、鄧玉賓的「道情」、張文潛的「夏日」等詩詞句，都是「漁」「樵」連用，尤以張文潛「夏日」的兩句「久斑兩鬢如霜雪，直欲樵漁過此生」說得最為明白。其二、是「樽」較雅，「壺」較俗。舉蘇東坡的「念奴嬌—赤壁懷古」來印證，認為羅詞中的前兩句顯然是參考蘇詞而改寫，且樽雅壺俗，以羅貫中的文學造詣，當不致棄雅就俗。江先生乃認為于衡先生在中央日報所引用羅詞的「漁樵」及「一樽」並沒有錯。

江南風先生前文的分析與見解，筆者拜讀之後，對江先生蒐證之豐富、思路之獨到，實是十分欽佩。唯對於「漁樵」是否連用始能代表閒適的一群？及「樽」與「壺」究竟何者為雅？卻是相當存疑！也引發了筆者對羅詞中「樵」與「樽」的查證與分析的興趣。經蒐閱唐宋名詩詞結果，發現筆者原先的看法也是並非無理，乃有百分之一的自我堅持，也寫了一篇「樵的餘漾—讀江南風先生大作的回應」，刊於八十六年五月號「今日經濟」三五七期，針對江先生的兩個論點提出了不同的看法。

羅詞的「白髮漁樵江渚上」之句，其中「漁」「樵」兩字係兩種不同行業的人，他們如何、為何在「江渚上」相遇？這就是筆者要探討的方向。先來看看于衡先生在中央日報所引用的羅詞全文：

滾滾長江東逝水，浪花淘盡英雄。

是非成敗轉頭空，青山依舊在，幾度夕陽紅。

白髮漁樵江渚上，慣看秋月春風。

一樽濁酒喜相逢，古今多少事，皆付笑談中。

筆者認為詩詞除注意平仄外，在內容上應講究意境及場景。字字「推」「敲」，半點馬虎不得。羅詞的後段其場景在「江渚上」，江渚是河川中的沙洲小島，來去要靠舟船運渡。柳永的「夜半樂」中，便有「扁舟一葉，乘興離江渚」之句。所以在江渚上「喜相逢」這樣情境，樵夫如欲加入，必須漁夫用船將其運渡過江來。然而酒只有一尊（尊、樽、罇三字通用），顯然不是預先有約的「相逢」。而「漁」「樵」是兩種截然不同的行業，隔行如隔山，他們沒有共同的語言，相約來到「江渚上」笑談古今事似乎不太可能。也很難想像「樵」

個人過江與「漁」相遇之事實。以羅詞的整個後段詞意來看，應該杜前主秘辦公室所懸名家題詞「白髮漁翁江渚上」，較切羅詞原意。

至於「一樽濁酒」還是「一壺濁酒」？江南風先生認為樽雅壺俗，以羅貫中之文學修養，不可能棄雅就俗，自然應該是「一樽濁酒」。但是筆者發現詩詞中描寫盛酒器的用字很多，有杯、尊、盞、瓢等等。而以「杯」的出現率最高，「尊」與「壺」則差不多。李白的千古絕唱「月下獨酌」頭一句便是「花間一壺酒」。可見要用什麼來盛酒？應看情景而定，其中似乎並沒有雅俗的問題。

另江先生所謂羅詞頭兩句係參考蘇東坡「念奴嬌—赤壁懷古」修改而來，筆者也有同感。蘇詞錄如下：

大江東去，浪淘盡千古風流人物。故壘西邊人道是：三國周郎赤壁。亂石崩雲，驚濤裂岸，捲起千堆雪。江山如畫，一時多少豪傑。遙想公瑾當年，小喬初嫁了，雄姿英發，羽扇綸巾。談笑間，檣櫓灰飛煙滅。故國神遊，多情應笑我早生華髮。人生如夢，一尊還酹江月。

江先生還認為羅詞的「一樽濁酒」也可能參考蘇詞的最後一句「一尊還酹江月」而改

寫。這點筆者則以為未必，因為羅詞極可能還參考了與蘇東坡先後官拜翰林學士陳與義的「臨江仙」詞句，陳詞亦錄如下：

憶昔午橋橋上飲，坐中多是豪英。
長溝流月去無聲，杏花疏影裡，吹笛到天明。
二十餘年如一夢，此身雖在堪驚。
閒登小閣看新晴，古今多少事，漁唱起三更。

羅貫中把陳與義的「古今多少事」原句照抄過來。陳詞最後一句只提「漁唱」，未提「漁樵唱」。可見「閒適自在快樂的一群」不必「漁樵」相連為要件。「歸樵晚唱」、「歸漁晚唱」，不也同樣可以凸顯其閒適與自在！

拙文「樵的餘漾」刊出後，意想江南風先生必再有回響。果然，江先生於八十六年八月號「今日經濟」三六〇期刊出了一篇回應，題目是「再談樵與樽——回應林義杜先生大作樵的餘漾」，終於開啟了漁樵筆戰。

江先生在「再」文中，更為引經據典，分成「樵的問題」及「樽的問題」加以分析討論，洋洋灑灑七千多字，最後結論與首談「樵與樽」大致相同，仍認為于衡先生所引用的詞句沒有錯。

江南風先生其實是經濟部簡任秘書孫希如先生的筆名。筆者任職經部參事時，即對孫秘書之文學造詣，感到十分的敬佩。筆者絕未想到能與名作家開起筆戰，實有榮焉。本想再作回應，卻于此時接獲兩件讀者的回響。

第一位是筆者大學的同班同學現為中國歷史學會理事長的名教授李雲漢，李教授的來信中有麼一段：

前在老家讀三國演義，曾背熟開場詞，記得是「漁樵」「樽酒」。去年訪美在女兒家開讀此書，發現是「漁翁」「一壺」，回來查證家存文化圖書公司與三民書局兩種版本，亦均為「漁翁」「一壺」。以為自己記錯了，也未深究。今讀大文及附文，始悉大有學問。弟對文學涉獵未深，不敢亂說話，惟直覺「漁翁」「一壺」為合理。

（江南風先生文中也提到；經濟部鍾參事同樣持此看法）足證吾道之不孤。

第二位是台中市的一位詩人，江南風先生的朋友，筆名「心平」的，寫信給孫秘書並附詩。希如兄印送一份給筆者，內容如下：

希如：寄來你與林先生的論戰，我都拜讀。可說各有千秋，我均佩服。茲有感寄上打油詩一首，希望你們休戰。心平上　詩曰：

孫林兩文豪，爭論漁和樵。引經又據典，還有樽杯吵。
糾纏搞不清，傷神又傷腦。我若在爭地，定請兩位老。
把樽乾一杯，管它漁和樵。清閒又自在，把盞做漁樵。

看來「心平」先生高明多了，不僅心平氣和，實在已懂得「漁樵」真髓，他已經清閒自在，成為漁樵族了。不禁佩服「心平」先生起來，乃決定「休戰」。此戰自去年此時貿易局通訊四十二期刊出拙文「樵的省思」開始，迄今剛好滿周年。由該通訊引起，因此也在該通訊下休戰書，宣佈「休戰」。不知江南風先生意下如何！

後記：根據豫汝緣愛室主人，行政院前第七組組長現任顧問李德武所編「緣愛」收錄的詩詞，此闕三國演義開場詞乃出自「楊升菴」手筆，快譯通電腦詩庫則說是「楊慎」所作。皆不知何所本？只知楊慎是明朝詩人，升菴或係其號。（江南風按：升菴確為楊慎之號，博覽強記，著作之豐，為明朝第一人。除文學外，又工樂府，多才多藝。）這段資料，顛覆了羅貫中，筆者原想再作考據，茲已宣佈休戰，也順帶宣佈，不做「顛覆新聞」了。

國家圖書館出版品預行編目資料

江南風文集 / 江南風著. -- 初版. -- 臺北市：文史哲,民: 90
面 ； 公分. -- (文學叢刊 ; 129)
ISBN 957-549-384-2 (平裝)

848.6 90015012

文學叢刊

江南風文集

著 者：江 南 風
出版者：文 史 哲 出 版 社
登記證字號：行政院新聞局版臺業字五三三七號
發行人：彭 正 雄
發行所：文 史 哲 出 版 社
印刷者：文 史 哲 出 版 社
臺北市羅斯福路一段七十二巷四號
郵政劃撥帳號：一六一八〇一七五
電話 886-2-23511028・傳真 886-2-23965656

實價新臺幣三四〇元

中華民國九十年九月初版

ISBN 957-549-384-2